BRIAN GAGG

WORTSUCHRÄTSEL
3 in 1 SAMMELBAND

BERLIN, MALLORCA und URLAUB

Bibliografische Information der Deutschen Nationalbibliothek:
Die Deutsche Nationalbibliothek verzeichnet diese Publikation in der Deutschen Nationalbibliografie; detaillierte bibliografische Daten sind im Internet über http://dnb.dnb.de abrufbar.

Herstellung und Verlag: BoD – Books on Demand, Norderstedt
ISBN: 9783754375327

Inhaltsangabe Seite

Einleitung

Auf den folgenden Seiten finden sich thematisch sortierte Wortsuchrätsel.
Um ein Wortsuchrätsel zu lösen, müssen alle jeweils aufgelisteten Worte in der darüber befindlichen Buchstabenmatrix gefunden werden. Ist ein Wort gefunden, sollte es mit einem Stift umkreist und das gefundene Wort aus der Liste gestrichen werden. Sind alle Worte aus der Liste gefunden, ist das Rätsel gelöst. Bei Schwierigkeiten ein Rätsel zu lösen, kann die Lösung jeweils auf der Rückseite nachgeschaut werden. Die zu findenden Worte sind jeweils als ganzes (d.h. immer nur in einer Richtung und ungebrochen) in der Matrix nach folgenden Regeln versteckt:

- Suchworte können sich überlagern, d.h. ein Buchstabenkästchen kann von mehreren Suchworten genutzt sein.

- Worte können vorwärts, rückwärts, horizontal, vertikal oder diagonal in der Matrix versteckt sein.

- Suchworte stehen für sich alleine und sind unter- oder nebeneinander aufgelistet.

N E J Q L H J R S P Z G B T K D B Y A
P O K C F Q E K L J D G Y S T S Y E K
P M Q D U T N G U D Q V A L S K C Y H
F C E J N K K X K L G N Q B U K B O Z
R S M E Y E E V I V T T Z U A R X T T
E P C H X E H U K U Z U B V C G C M A
I R X S Z Z T W G P G L R N O K C E L
E E G U C Y O T S U Q D I F L Y C H P
Q E Q A V N I T S D O G G A O Y X R G
F B Y H O U L E P O T M A J H R I E R
E O B K X D B U I Y U C T F E T U N E
H G E C K T I F X P S W S A V U S M B
H E R E P U B E Z Z T A H R Z B L A N
H N L B D I S L N W Z D C P S B R L E
C B I B Q H T S I N S P I Z R U R Q T
O T N I M S A B L W T P E S N N S J T
N M E R B K A E R E T O R C A D U T I
K T R M O Q T R E Q T Q Q J W E B K W
J W I U Y X S G B H N U O T K S A B M
E E V J Y B R O C V Z S S D G W H E B
V J O B C M A U E R P M P D W E N Z V
Y L A M N H A M Y N O S D R M H H P R
P O J L X Y X F Z F A M P T E R O K E
T E A T I S R E V I N U B H M E F S D

1

AVUS
BERLINER MAUER
SONY CENTER
RIBBECKHAUS
KULTURFORUM
HOLOCAUST MAHNMAL
UBAHNHOF WITTENBERGPLATZ
EHRENMAL DER BUNDESWEHR
FREIE UNIVERSITAET BERLIN
STAATSBIBLIOTHEK OST
TEUFELSBERG
SPREEBOGEN
REICHSTAG
SPREE

Lösung

N	E	J	Q	L	H	J	R	S	P	Z	G	B	T	K	D	B	Y	A
P	O	K	C	F	Q	E	K	L	J	D	G	Y	S	T	S	Y	E	K
P	M	Q	D	U	T	N	G	U	D	Q	V	A	L	S	K	C	Y	H
F	C	E	J	N	K	K	X	K	L	G	N	Q	B	U	K	B	O	Z
R	S	M	E	Y	E	E	V	I	V	T	T	Z	U	A	R	X	T	T
E	P	C	H	X	E	H	U	K	U	Z	U	B	V	C	G	C	M	A
I	R	X	S	Z	Z	T	W	G	P	G	L	R	N	O	K	C	E	L
E	E	G	U	C	Y	O	T	S	U	Q	D	I	F	L	Y	C	H	P
Q	E	Q	A	V	N	I	T	S	D	O	G	G	A	O	Y	X	R	G
F	B	Y	H	O	U	L	E	P	O	T	M	A	J	H	R	I	E	R
E	O	B	K	X	D	B	U	I	Y	U	C	T	F	E	T	U	N	E
H	G	E	C	K	T	I	F	X	P	S	W	S	A	V	U	S	M	B
H	E	R	E	P	U	B	E	Z	Z	T	A	H	R	Z	B	L	A	N
H	N	L	B	D	I	S	L	N	W	Z	D	C	P	S	B	R	L	E
C	B	I	B	Q	H	T	S	I	N	S	P	I	Z	R	U	R	Q	T
O	T	N	I	M	S	A	B	L	W	T	P	E	S	N	N	S	J	T
N	M	E	R	B	K	A	E	R	E	T	O	R	C	A	D	U	T	I
K	T	R	M	O	Q	T	R	E	Q	T	Q	Q	J	W	E	B	K	W
J	W	I	U	Y	X	S	G	B	H	N	U	O	T	K	S	A	B	M
E	E	V	J	Y	B	R	O	C	V	Z	S	S	D	G	W	H	E	B
V	J	O	B	C	M	A	U	E	R	P	M	P	D	W	E	N	Z	V
Y	L	A	M	N	H	A	M	Y	N	O	S	D	R	M	H	H	P	R
P	O	J	L	X	Y	X	F	Z	F	A	M	P	T	E	R	O	K	E
T	E	A	T	I	S	R	E	V	I	N	U	B	H	M	E	F	S	D

S	V	F	R	G	M	X	V	C	X	S	A	V	O	I	O	R	D	D
G	N	E	B	A	R	G	S	G	N	U	T	S	E	F	M	W	M	C
H	Z	W	X	X	X	P	I	I	X	I	L	M	D	C	Q	A	R	M
V	B	G	A	U	G	N	B	R	T	S	E	F	Q	W	B	S	U	L
R	F	L	C	H	O	I	D	I	E	N	X	F	X	R	B	S	T	G
M	F	N	H	F	T	H	N	T	Z	S	I	J	F	Q	I	E	H	W
U	C	R	V	H	F	A	L	S	A	K	S	S	Q	U	B	R	C	C
S	Z	S	P	C	H	A	R	I	T	E	E	O	M	W	L	S	A	P
E	G	X	S	R	I	U	G	X	L	Z	E	A	R	Q	I	T	W	K
U	O	U	P	A	L	A	I	S	R	M	T	C	M	G	O	A	Z	D
M	E	P	H	F	C	V	I	W	Q	O	A	R	U	K	T	D	N	E
S	D	S	J	M	B	M	D	S	S	Y	M	R	H	Q	H	T	E	N
I	A	U	A	L	A	R	T	S	A	T	Z	A	Z	L	E	T	R	K
N	N	E	C	R	M	O	S	S	E	H	A	U	S	A	K	M	G	M
S	E	K	C	E	U	R	B	L	A	R	I	M	D	A	H	P	F	A
E	M	B	D	E	U	U	H	K	O	T	I	O	C	F	L	N	Y	L
L	O	F	A	Y	H	Q	Q	R	F	H	V	W	D	W	I	B	E	U
J	R	O	R	A	N	G	E	R	I	E	B	W	W	U	P	U	U	R
I	P	B	E	B	E	L	P	L	A	T	Z	M	B	C	L	E	N	V
E	H	C	I	L	G	I	N	E	O	K	H	O	U	P	X	C	S	Y
B	O	R	S	I	G	T	U	R	M	I	A	H	V	E	O	G	R	F
J	N	P	C	C	S	K	Y	W	A	L	K	S	D	Y	S	R	V	W
C	Z	D	I	Q	Z	P	N	S	N	F	T	N	U	Q	W	U	Q	A
V	A	Z	G	Y	S	B	K	Y	S	U	U	A	S	B	U	B	M	R

2

BEBELPLATZ
ALTES MUSEUM
MUSEUMSINSEL
ADMIRALBRUECKE
WASSERSTADT STRALAU
PALAIS AM FESTUNGSGRABEN
SKYWALK MARZAHNER PROMENADE

SINTI UND ROMA DENKMAL
KOENIGLICHE BIBLIOTHEK
DDR GRENZWACHTURM
GROSSE ORANGERIE
BORSIGTURM
MOSSEHAUS
CHARITE

Lösung

S	V	F	R	G	M	X	V	C	X	S	A	V	O	I	O	R	D	D
G	N	E	B	A	R	G	S	G	N	U	T	S	E	F	M	W	M	C
H	Z	W	X	X	X	P	I	I	X	I	L	M	D	C	Q	A	R	M
V	B	G	A	U	G	N	B	R	T	S	E	F	Q	W	B	S	U	L
R	F	L	C	H	O	I	D	I	E	N	X	F	X	R	B	S	T	G
M	F	N	H	F	T	H	N	T	Z	S	I	J	F	Q	I	E	H	W
U	C	R	V	H	F	A	L	S	A	K	S	S	Q	U	B	R	C	C
S	Z	S	P	C	H	A	R	I	T	E	E	O	M	W	L	S	A	P
E	G	X	S	R	I	U	G	X	L	Z	E	A	R	Q	I	T	W	K
U	O	U	P	A	L	A	I	S	R	M	T	C	M	G	O	A	Z	D
M	E	P	H	F	C	V	I	W	Q	O	A	R	U	K	T	D	N	E
S	D	S	J	M	B	M	D	S	S	Y	M	R	H	Q	H	T	E	N
I	A	U	A	L	A	R	T	S	A	T	Z	A	Z	L	E	T	R	K
N	N	E	C	R	M	O	S	S	E	H	A	U	S	A	K	M	G	M
S	E	K	C	E	U	R	B	L	A	R	I	M	D	A	H	P	F	A
E	M	B	D	E	U	U	H	K	O	T	I	O	C	F	L	N	Y	L
L	O	F	A	Y	H	Q	Q	R	F	H	V	W	D	W	I	B	E	U
J	R	O	R	A	N	G	E	R	I	E	B	W	W	U	P	U	U	R
I	P	B	E	B	E	L	P	L	A	T	Z	M	B	C	L	E	N	V
E	H	C	I	L	G	I	N	E	O	K	H	O	U	P	X	C	S	Y
B	O	R	S	I	G	T	U	R	M	I	A	H	V	E	O	G	R	F
J	N	P	C	C	S	K	Y	W	A	L	K	S	D	Y	S	R	V	W
C	Z	D	I	Q	Z	P	N	S	N	F	T	N	U	Q	W	U	Q	A
V	A	Z	G	Y	S	B	K	Y	S	U	U	A	S	B	U	B	M	R

D M F L F N C I S Z Z I T A D E L L E
V J P V R S E L E H C A T U T P Q E H
W X H J I T K W S C V H F K S O L F G
C X G R E H R W R P L A Z P I A G K K
Z I M U D A W C A B E L K A A K T O F
R K R R R E V W B Y D S T R L S U V A
B I U E I L O K U H X E C K A P O E B
R G T H C M L N N K C I N E P E O K R
U R L C H A K T D U K X C K A Z O M I
E I E S S N S D E C U K T B M O A F K
D M G I T N P Q S M A J X L V A H R P
E M G N A S A T W E D Z O B K H L I G
R I E L D Z R U O T N L G L A X Q E X
D M U L T W K K S Y A B Q L P V S D S
E I M E A K P C K N P A K X I N E R L
L A S O L A O I N P S U Y Q D F D I Z
T R S K T F K N R P A H Z W W Z R C Z
S H O P S R X E Z A R A N I L B Q H R
A P L O T A Q P E P V U C D P T Q S A
L E H B A M A E N P K S V B T D B H C
A W C M D B H O T Q X X A Q C N I A Q
P R S F T H I K R J G N T E Q Y F I M
J O T X X K P N U M D V I H C R A N U
T W E R N S T Y M Y S S X A E X U M I

3

UFA FABRIK
MUEGGELTURM
BAUHAUS ARCHIV
ALTSTADT KOEPENICK
FRIEDRICHSTADT PALAST
BRUEDER GRIMM ZENTRUM
ERNST THAELMANN DENKMAL
VOLKSPARK FRIEDRICHSHAIN
KOELLNISCHER PARK
SCHLOSS KOEPENICK
ZITADELLE SPANDAU
BAND DES BUNDES
EPHRAIM PALAIS
TACHELES

Lösung

D M F L F N C I S Z Z I T A D E L L E
V J P V R S E L E H C A T U T P Q E H
W X H J I T K W S C V H F K S O L F G
C X G R E H R W R P L A Z P I A G K K
Z I M U D A W C A B E L K A A K T O F
R K R R R E V W B Y D S T R L S U V A
B I U E I L O K U H X E C K A P O E B
R G T H C M L N N K C I N E P E O K R
U R L C H A K T D U K X C K A Z O M I
E I E S S N S D E C U K T B M O A F K
D M G I T N P Q S M A J X L V A H R P
E M G N A S A T W E D Z O B K H L I G
R I E L D Z R U O T N L G L A X Q E X
D M U L T W K K S Y A B Q L P V S D S
E I M E A K P C K N P A K X I N E R L
L A S O L A O I N P S U Y Q D F D I Z
T R S K T F K N R P A H Z W W Z R C Z
S H O P S R X E Z A R A N I L B Q H R
A P L O T A Q P E P V U C D P T Q S A
L E H B A M A E N P K S V B T D B H C
A W C M D B H O T Q X X A Q C N I A Q
P R S F T H I K R J G N T E Q Y F I M
J O T X X K P N U M D V I H C R A N U
T W E R N S T Y M Y S S X A E X U M I

F	V	W	R	E	R	T	R	A	M	T	N	O	M	D	H	C	R	R
S	Y	R	F	P	T	H	D	B	N	O	W	R	Q	X	M	Z	E	E
F	S	R	B	G	D	S	F	R	H	Z	Q	B	F	Z	V	H	D	Z
G	B	R	P	G	A	R	C	V	A	A	H	K	A	S	T	I	A	T
R	E	Y	E	A	T	B	W	H	P	V	C	D	V	F	T	I	B	I
F	R	B	O	M	S	X	C	T	L	H	E	H	G	W	E	A	R	R
R	L	S	E	X	H	S	B	Z	R	O	B	L	N	U	I	L	R	B
A	I	B	K	Q	C	E	A	C	G	E	S	C	U	Z	G	E	E	S
N	N	E	C	W	I	K	I	G	O	J	T	S	L	O	I	X	H	D
Z	S	L	I	U	R	U	B	R	E	S	K	N	D	J	B	A	C	G
O	G	L	N	A	D	L	L	P	H	N	Z	H	E	D	M	N	R	A
E	L	E	E	W	E	Z	J	I	R	S	G	C	I	C	E	D	I	R
S	B	V	I	Y	I	N	M	T	K	Q	F	N	S	L	H	E	K	T
I	G	U	L	L	R	F	R	H	T	J	E	N	N	V	C	R	N	E
S	N	E	G	V	F	R	K	A	L	T	Y	U	E	I	S	P	E	N
C	O	I	B	Y	R	P	X	I	R	B	C	U	S	C	E	L	I	O
H	D	V	O	L	K	S	P	A	R	K	H	F	I	R	K	A	R	O
E	V	C	W	R	U	N	G	T	D	O	B	M	E	N	C	T	A	R
R	P	K	I	O	W	F	B	Z	E	N	N	Q	F	O	A	Z	M	A
W	X	M	F	R	O	R	C	F	C	A	D	K	U	D	H	T	T	Z
M	H	W	O	H	V	Z	E	K	U	X	D	T	H	Y	F	J	S	V
H	T	M	H	K	T	D	G	X	V	I	S	S	O	L	H	C	S	V
V	X	F	C	H	U	M	B	O	L	D	T	H	A	I	N	Z	Y	Y
K	T	M	O	D	Q	P	I	U	F	F	K	W	Z	V	C	I	I	S

4

BRITZER GARTEN
SCHLOSS GLIENICKE
DONG XUAN CENTER
BOULEVARD DER STARS
HUFEISENSIEDLUNG BRITZ
FRIEDRICHSTADT PASSAGEN
VOLKSPARK HUMBOLDTHAIN

RIEHMERS HOFGARTEN
MONTMARTRE BERLINS
FRANZOESISCHER DOM
SCHLOSS BELLEVUE
HACKESCHE HOEFE
ALEXANDERPLATZ
STMARIENKIRCHE

Lösung

F V W R E R T R A M T N O M D H C R R
S Y R F P T H D B N O W R Q X M Z E E
F S R B G D S F R H Z Q B F Z V H D Z
G B R P G A R C V A A H K A S T I A T
R E Y E A T B W H P V C D V F T I B I
F R B O M S X C T L H E H G W E A R R
R L S E X H S B Z R O B L N U I L R B
A I B K Q C E A C G E S C U Z G E E S
N N E C W I K I G O J T S L O I X H D
Z S L I U R U B R E S K N D J B A C G
O G L N A D L L P H N Z H E D M N R A
E L E E W E Z J I R S G C I C E D I R
S B V I Y I N M T K Q F N S L H E K T
I G U L L R F R H T J E N N V C R N E
S N E G V F R K A L T Y U E I S P E N
C O I B Y R P X I R B C U S C E L I O
H D V O L K S P A R K H F I R K A R O
E V C W R U N G T D O B M E N C T A R
R P K I O W F B Z E N N Q F O A Z M A
W X M F R O R C F C A D K U D H T T Z
M H W O H V Z E K U X D T H Y F J S V
H T M H K T D G X V I S S O L H C S V
V X F C H U M B O L D T H A I N Z Y Y
K T M O D Q P I U F F K W Z V C I I S

R Z M W E S T E N S Z G U F H N A N K
E V R A U W W K U N Q P K H P E A Y K
P U H Q R O K A G A L L E R Y Z W R T
O G P R Z K B T A O T J M D L I C M E
Q O U P K L T N U Y F L X W Y D D E M
V Q K L E Z N F U H I Y D L E F T U P
K Z C P F Z R E H C S E K C A H C M E
P O M K S I G D K K K I E L J W T O L
H E P P A Y X W G E D I S T S A E L H
T N Q Q U A D R I G A Y X P O E W K O
A F G R B Y L P K I R C H H O E F E F
Y K I F A V M R K D U M X Q M U Z N E
Y G Q C T Y L R A Q T R Z A L L M M R
O T P X G N Q A N E E D I B C N P A V
M U I R E T S I N I M Z N A N I F R Q
T M A R E L Z N A K S E D N U B I K S
E S S A R T S N N A M G R E B D T T N
I Z F E L U E A S S E G E I S E H G S
A A B I Y O Z Y C J U Z Y E L S E X T
T A W A A E P E E S L E F U E T A M U
Z A W U V O N W Y I R H W P O Q T D E
W K O M I S C H E A X L P S L N E A L
Y X H E B S P G R E B N E H C A R D E
U T K I G W D V T P T O V U Q T B V R

5

TEUFELSEE
DRACHENBERG
MOLKENMARKT
EASTSIDE GALLERY
TEMPELHOFER FELD
BUNDESKANZLERAMT
KIRCHHOEFE BERGMANNSTRASSE

TEMPELBAU VON STUELER
THEATER DES WESTENS
FINANZMINISTERIUM
HACKESCHER MARKT
KOMISCHE OPER
SIEGESSAEULE
QUADRIGA

Lösung

R Z M W E S T E N S Z G U F H N A N K
E V R A U W W K U N Q P K H P E A Y K
P U H Q R O K A G A L L E R Y Z W R T
O G P R Z K B T A O T J M D L I C M E
Q O U P K L T N U Y F L X W Y D D E M
V Q K L E Z N F U H I Y D L E F T U P
K Z C P F Z R E H C S E K C A H C M E
P O M K S I G D K K K I E L J W T O L
H E P P A Y X W G E D I S T S A E L H
T N Q Q U A D R I G A Y X P O E W K O
A F G R B Y L P K I R C H H O E F E F
Y K I F A V M R K D U M X Q M U Z N E
Y G Q C T Y L R A Q T R Z A L L M M R
O T P X G N Q A N E E D I B C N P A V
M U I R E T S I N I M Z N A N I F R Q
T M A R E L Z N A K S E D N U B I K S
E S S A R T S N N A M G R E B D T T N
I Z F E L U E A S S E G E I S E H G S
A A B I Y O Z Y C J U Z Y E L S E X T
T A W A A E P E E S L E F U E T A M U
Z A W U V O N W Y I R H W P O Q T D E
W K O M I S C H E A X L P S L N E A L
Y X H E B S P G R E B N E H C A R D E
U T K I G W D V T P T O V U Q T B V R

Y	V	K	P	M	Q	L	U	B	P	C	P	S	Q	L	R	G	H	K
P	T	X	U	H	R	E	Z	O	F	L	H	H	N	Y	I	H	I	K
N	R	D	U	W	R	X	F	P	Z	N	T	S	C	V	B	W	R	R
J	E	L	K	U	V	J	E	I	F	U	M	U	E	S	U	M	E	A
F	P	A	Z	W	P	T	R	A	D	A	X	B	O	J	D	N	T	P
X	O	W	R	B	A	S	N	W	N	O	M	A	G	R	E	P	N	S
A	S	E	I	K	E	U	S	D	F	N	E	D	L	I	W	V	U	S
B	T	N	Y	H	W	O	E	A	R	E	I	C	B	D	Z	T	F	O
G	A	U	Q	J	P	V	H	M	I	N	O	L	F	D	Z	N	R	L
E	A	R	U	M	A	N	T	L	E	M	P	A	R	V	E	E	O	H
O	T	G	L	J	S	O	U	N	D	P	U	M	R	E	W	T	D	C
R	S	R	D	L	Y	T	R	X	R	B	L	E	C	H	B	R	S	S
D	S	S	G	I	U	V	M	K	I	E	S	A	S	O	R	A	R	A
N	O	U	B	N	M	Z	M	R	C	R	K	D	T	U	E	G	E	I
E	L	I	D	D	A	V	A	A	H	L	R	M	Q	Z	M	T	M	N
T	H	P	H	E	R	S	R	P	S	I	A	U	C	U	A	S	L	Z
E	C	O	J	N	Y	C	T	N	T	N	P	D	P	Z	D	U	I	C
N	S	R	R	D	Y	F	I	H	R	P	S	Q	H	S	S	L	W	P
H	D	G	U	T	E	T	N	O	A	G	K	Y	G	P	T	W	Z	A
A	G	Q	D	G	U	N	U	W	S	D	L	Y	B	Y	O	B	U	R
U	A	Z	O	Z	W	D	W	L	S	Q	O	X	I	F	P	U	I	K
S	J	F	L	D	G	Q	H	L	E	C	V	Y	N	K	T	O	A	F
V	R	D	P	C	G	G	V	A	Y	C	J	B	G	O	F	S	O	B
O	L	L	H	W	D	L	A	W	E	N	U	R	G	T	S	T	W	Y

6

LUSTGARTEN
FERNSEHTURM
PERGAMON MUSEUM
RUDOLPH WILDE PARK
VOLKSPARK WILMERSDORF
ABGEORDNETENHAUS BERLIN
WOHNPARK AM BERLIN MUSEUM
SCHLOSSPARK CHARLOTTENBURG
STAATSOPER UNTER DEN LINDEN
JAGDSCHLOSS GRUNEWALD
MARTIN GROPIUS BAU
FRIEDRICHSTRASSE
POTSDAMER PLATZ
GRUNEWALD

Lösung

Y V K P M Q L U B P C P S Q L R G H K
P T X U H R E Z O F L H H N Y I H I K
N R D U W R X F P Z N T S C V B W R R
J E L K U V J E I F U M U E S U M E A
F P A Z W P T R A D A X B O J D N T P
X O W R B A S N W N O M A G R E P N S
A S E I K E U S D F N E D L I W V U S
B T N Y H W O E A R E I C B D Z T F O
G A U Q J P V H M I N O L F D Z N R L
E A R U M A N T L E M P A R V E E O H
O T G L J S O U N D P U M R E W T D C
R S R D L Y T R X R B L E C H B R S S
D S S G I U V M K I E S A S O R A R A
N O U B N M Z M R C R K D T U E G E I
E L I D D A V A A H L R M Q Z M T M N
T H P H E R S R P S I A U C U A S L Z
E C O J N Y C T N T N P D P Z D U I C
N S R R D Y F I H R P S Q H S S L W P
H D G U T E T N O A G K Y G P T W Z A
A G Q D G U N U W S D L Y B Y O B U R
U A Z O Z W D W L S Q O X I F P U I K
S J F L D G Q H L E C V Y N K T O A F
V R D P C G G V A Y C J B G O F S O B
O L L H W D L A W E N U R G T S T W Y

A	S	P	I	T	T	E	L	M	A	R	K	T	I	D	T	K	A	N
K	S	K	P	Q	N	J	U	B	S	P	G	R	V	I	J	O	Z	B
X	O	N	X	H	D	L	F	D	D	U	I	I	E	O	D	M	E	A
D	L	E	B	C	L	A	E	K	N	R	A	R	I	H	B	M	N	F
R	H	S	S	H	H	N	C	Q	A	Q	G	H	W	K	Y	O	T	R
E	C	S	Q	A	H	G	Q	X	T	A	O	G	H	A	J	D	R	I
I	S	O	W	H	C	E	K	R	R	C	N	K	R	C	L	E	A	E
T	J	R	A	N	I	I	O	T	Y	E	S	Q	N	A	O	T	L	D
E	D	G	I	E	R	F	E	C	D	V	F	U	P	X	Q	H	F	R
R	E	C	T	B	D	N	O	N	D	G	U	O	I	X	H	C	R	I
S	R	R	X	E	E	I	I	H	M	L	I	K	H	S	S	E	I	C
T	R	I	R	R	I	L	L	R	H	K	D	C	H	T	Z	C	E	H
A	R	E	T	G	R	E	N	X	Y	C	X	E	M	I	L	I	D	S
T	D	N	T	Q	F	I	I	E	V	W	R	A	P	O	Q	L	H	F
U	M	E	K	L	D	C	B	S	D	R	T	I	J	S	B	I	O	E
E	Q	F	A	N	A	E	E	C	L	T	E	I	K	C	A	E	F	L
S	M	T	A	C	U	T	S	J	H	U	H	T	B	Z	M	N	K	D
D	F	L	B	X	Z	H	X	A	I	U	L	Y	N	J	C	H	R	E
D	H	N	O	F	R	I	E	D	H	O	F	A	V	U	M	O	A	U
G	U	Z	T	Q	J	U	U	K	W	S	K	B	T	Z	T	F	N	L
F	T	O	Y	D	S	Q	J	C	S	E	U	E	N	S	Q	M	Z	X
M	A	E	R	Z	G	E	F	A	L	L	E	N	E	O	C	C	L	W
E	Y	E	S	N	K	O	L	L	H	O	F	F	C	T	E	H	E	D
G	E	N	D	A	R	M	E	N	M	A	R	K	T	W	D	I	R	T

7

FRIEDHOF MAERZGEFALLENE
TIERGARTEN
DER LANGE LULATSCH
FORT HAHNEBERG
SCHLOSS CECILIENHOF
UNTER DEN LINDEN
NEUES KRANZLER ECK
KOLLHOFF HOCHHAUS
GENDARMENMARKT
ALTER STMATTHAEUS KIRCHHOF
SPITTELMARKT
ZENTRALFRIEDHOF FRIEDRICHSFELDE
KOMMODE
REITERSTATUE FRIEDRICH DES GROSSEN

Lösung

A	S	P	I	T	T	E	L	M	A	R	K	T	I	D	T	K	A	N
K	S	K	P	Q	N	J	U	B	S	P	G	R	V	I	J	O	Z	B
X	O	N	X	H	D	L	F	D	D	U	I	I	E	O	D	M	E	A
D	L	E	B	C	L	A	E	K	N	R	A	R	I	H	B	M	N	F
R	H	S	S	H	H	N	C	Q	A	Q	G	H	W	K	Y	O	T	R
E	C	S	Q	A	H	G	Q	X	T	A	O	G	H	A	J	D	R	I
I	S	O	W	H	C	E	K	R	R	C	N	K	R	C	L	E	A	E
T	J	R	A	N	I	I	O	T	Y	E	S	Q	N	A	O	T	L	D
E	D	G	I	E	R	F	E	C	D	V	F	U	P	X	Q	H	F	R
R	E	C	T	B	D	N	O	N	D	G	U	O	I	X	H	C	R	I
S	R	R	X	E	E	I	I	H	M	L	I	K	H	S	S	E	I	C
T	R	I	R	R	I	L	L	R	H	K	D	C	H	T	Z	C	E	H
A	R	E	T	G	R	E	N	X	Y	C	X	E	M	I	L	I	D	S
T	D	N	T	Q	F	I	I	E	V	W	R	A	P	O	Q	L	H	F
U	M	E	K	L	D	C	B	S	D	R	T	I	J	S	B	I	O	E
E	Q	F	A	N	A	E	E	C	L	T	E	I	K	C	A	E	F	L
S	M	T	A	C	U	T	S	J	H	U	H	T	B	Z	M	N	K	D
D	F	L	B	X	Z	H	X	A	I	U	L	Y	N	J	C	H	R	E
D	H	N	O	F	R	I	E	D	H	O	F	A	V	U	M	O	A	U
G	U	Z	T	Q	J	U	U	K	W	S	K	B	T	Z	T	F	N	L
F	T	O	Y	D	S	Q	J	C	S	E	U	E	N	S	Q	M	Z	X
M	A	E	R	Z	G	E	F	A	L	L	E	N	E	O	C	C	L	W
E	Y	E	S	N	K	O	L	L	H	O	F	F	C	T	E	H	E	D
G	E	N	D	A	R	M	E	N	M	A	R	K	T	W	D	I	R	T

G	J	C	Q	K	N	Q	E	W	S	N	J	M	J	O	X	R	U	R
Z	G	V	T	R	E	P	T	O	W	E	R	J	L	R	P	P	T	S
S	H	G	F	V	M	J	L	C	O	K	A	P	A	U	L	U	L	S
S	M	X	L	N	B	D	U	W	Q	P	T	I	C	D	B	E	O	X
G	U	B	A	H	J	T	S	T	E	G	E	L	E	R	K	Q	E	R
K	Q	L	M	V	V	O	N	X	N	S	J	R	O	C	L	B	B	A
E	X	E	K	B	S	E	H	C	S	I	K	R	E	A	M	C	E	M
Z	B	T	N	A	K	M	X	A	Z	I	B	U	X	E	X	S	L	H
G	S	R	E	A	O	S	Q	U	R	X	R	H	Z	M	R	T	Q	L
W	G	E	D	O	I	H	I	Q	F	B	M	T	Z	H	A	A	I	T
P	R	I	N	Z	E	S	S	I	N	N	E	N	P	A	L	A	I	S
F	S	V	E	C	R	E	K	C	I	N	E	I	L	G	K	T	P	R
I	M	I	K	N	Y	Q	I	V	F	I	Z	F	K	X	O	S	O	Y
M	O	A	C	E	N	O	I	L	L	I	R	A	C	K	L	B	T	U
A	L	L	E	E	S	A	H	G	J	L	Y	B	T	O	L	I	S	M
D	X	O	U	E	O	E	P	A	R	K	R	D	W	C	W	B	D	U
R	A	K	R	X	Y	D	E	U	T	S	C	H	E	Y	I	L	A	E
T	P	I	B	J	V	J	S	U	L	R	A	K	G	H	T	I	M	S
R	V	N	T	V	Q	V	M	V	U	V	C	K	U	A	Z	O	E	U
H	F	K	F	Y	F	R	E	X	E	T	Q	E	H	U	P	T	R	M
N	P	X	U	T	T	G	A	A	X	I	N	T	D	S	L	H	N	K
T	S	A	L	A	P	N	E	N	E	A	R	T	D	C	A	E	V	B
H	V	H	K	J	O	X	E	N	E	F	A	H	L	U	T	K	J	L
P	U	I	M	G	H	B	I	W	K	A	M	J	P	M	Z	G	G	O

8

CARILLION
TEGELER HAFEN
PAUL LOEBE HAUS
KARL MARX ALLEE
GLIENICKER BRUECKE
PRINZESSINNENPALAIS
STAATSBIBLIOTHEK POTSDAMER STR

LUFTBRUECKENDENKMAL
MAERKISCHES MUSEUM
TREPTOWER PARK
KOLLWITZPLATZ
NIKOLAIVIERTEL
TRAENENPALAST
DEUTSCHE OPER

Lösung

G	J	C	Q	K	N	Q	E	W	S	N	J	M	J	O	X	R	U	R
Z	G	V	T	R	E	P	T	O	W	E	R	J	L	R	P	P	T	S
S	H	G	F	V	M	J	L	C	O	K	A	P	A	U	L	U	L	S
S	M	X	L	N	B	D	U	W	Q	P	T	I	C	D	B	E	O	X
G	U	B	A	H	J	T	S	T	E	G	E	L	E	R	K	Q	E	R
K	Q	L	M	V	V	O	N	X	N	S	J	R	O	C	L	B	B	A
E	X	E	K	B	S	E	H	C	S	I	K	R	E	A	M	C	E	M
Z	B	T	N	A	K	M	X	A	Z	I	B	U	X	E	X	S	L	H
G	S	R	E	A	O	S	Q	U	R	X	R	H	Z	M	R	T	Q	L
W	G	E	D	O	I	H	I	Q	F	B	M	T	Z	H	A	A	I	T
P	R	I	N	Z	E	S	S	I	N	N	E	N	P	A	L	A	I	S
F	S	V	E	C	R	E	K	C	I	N	E	I	L	G	K	T	P	R
I	M	I	K	N	Y	Q	I	V	F	I	Z	F	K	X	O	S	O	Y
M	O	A	C	E	N	O	I	L	L	I	R	A	C	K	L	B	T	U
A	L	L	E	E	S	A	H	G	J	L	Y	B	T	O	L	I	S	M
D	X	O	U	E	O	E	P	A	R	K	R	D	W	C	W	B	D	U
R	A	K	R	X	Y	D	E	U	T	S	C	H	E	Y	I	L	A	E
T	P	I	B	J	V	J	S	U	L	R	A	K	G	H	T	I	M	S
R	V	N	T	V	Q	V	M	V	U	V	C	K	U	A	Z	O	E	U
H	F	K	F	Y	F	R	E	X	E	T	Q	E	H	U	P	T	R	M
N	P	X	U	T	T	G	A	A	X	I	N	T	D	S	L	H	N	K
T	S	A	L	A	P	N	E	N	E	A	R	T	D	C	A	E	V	B
H	V	H	K	J	O	X	E	N	E	F	A	H	L	U	T	K	J	L
P	U	I	M	G	H	B	I	W	K	A	M	J	P	M	Z	G	G	O

H T K T E C K M T D R E G T U C E Z J
B D I L R B S A C U M J J M G H F H A
W C T H Z B M J W H H H T M J U F D U
T V H O M P K J X C K R P W L D L S K
L E Z H G I T S E M Z O O O P A G M E
U E D O G B U E A K T L T R A F M L H
I B H P P A Z X O S L D O I Y V S M R
Y Z I N H A T X D B K O T Y T N O X F
G M Y G I D S A X L Y Y R M Q M Y I V
M X U E H N M P H I L H A R M O N I E
V E F O H D E I R F N E D I L A V N I
Z J K U L T U R B R A U E R E I L H L
T A U E N T Z I E N S T R A S S E V R
R Y Q E P A R O C H I A L K I R C H E
A M G R O S S E R W B A H N H O F M E
R E G R U B N E D N A R B Z X H E H Q
M U E H L E N D A M M N Z C O P M L I
M B I E R P I N S E L A N U T T O R Y
M G B I U I E G R M C K G S G R S T L
H J D C K Z F U N K T U R M E O V Q U
J B F R T H F P L C V A Y C Y E X I K
G Y I A U K B L O E B E R L I N L Z M
N M L A N H A L T E R T C W A M W O I
Y P S C H A U B U E H N E K Q F R C T

9

PHILHARMONIE
MUEHLENDAMM
KULTURBRAUEREI
GROSSER WANNSEE
ANHALTER BAHNHOF
BRANDENBURGER TOR BERLIN
SCHAUBUEHNE AM LEHNINER PLATZ

INVALIDENFRIEDHOF
TAUENTZIENSTRASSE
PAROCHIALKIRCHE
POTSDAM
BIERPINSEL
FUNKTURM
ZEUGHAUS

Lösung

H T K T E C K M T D R E G T U C E Z J
B D I L R B S A C U M J J M G H F H A
W C T H Z B M J W H H H T M J U F D U
T V H O M P K J X C K R P W L D L S K
L E Z H G I T S E M Z O O O P A G M E
U E D O G B U E A K T L T R A F M L H
I B H P P A Z X O S L D O I Y V S M R
Y Z I N H A T X D B K O T Y T N O X F
G M Y G I D S A X L Y Y R M Q M Y I V
M X U E H N M P H I L H A R M O N I E
V E F O H D E I R F N E D I L A V N I
Z J K U L T U R B R A U E R E I L H L
T A U E N T Z I E N S T R A S S E V R
R Y Q E P A R O C H I A L K I R C H E
A M G R O S S E R W B A H N H O F M E
R E G R U B N E D N A R B Z X H E H Q
M U E H L E N D A M M N Z C O P M L I
M B I E R P I N S E L A N U T T O R Y
M G B I U I E G R M C K G S G R S T L
H J D C K Z F U N K T U R M E O V Q U
J B F R T H F P L C V A Y C Y E X I K
G Y I A U K B L O E B E R L I N L Z M
N M L A N H A L T E R T C W A M W O I
Y P S C H A U B U E H N E K Q F R C T

D E R A Z N X N R I P W Z D V K V M X

Q G L U A D N A P S H V E R I Q G G U

D U A S S U K R E D U R B A H Z A B Q

P N N Q E J E D L U I U V V U E R N Y

X E D I U V Z Q J Z A N X E M U N E K

V D W G E U F A T F C I E L B S I S G

I N E K N W O E P C S J R U O C S U Z

W I H A T W I Y K E D V E O L H O A Q

B L R K S Y N A G O G E H B D L N H I

Z E K R Z R Q G S E H H M G T O F N T

I Z A A H E O W U H K C P W Y S R E D

O W N P O T L E B C A S C A J S I O L

N Z A G T L C O L R D I X M R I E H O

S M L R E A R V J I L T A T W K D C B

K L A E L O T X F K O S H H Z E H S M

I E C B A L T E S I N I E G D P O U U

R T E N R F Q V K A L L Q U V T F U H

C O B E E Q P R Z L G A Q G L M X D U

H H T I G A B T R O L I N S O Q D F C

E N A K L H E E I K W Z P V H B N V I

U Q X A L K I N U I T O W Y M H W E J

S M I G Y A N F U N L S L L B L I A D

S S Q J O S T E A T I S R E V I N U Y

K L O S T E R K I R C H E F W P F M P

10

ZIONSKIRCHE
HOTEL ADLON
KLOSTERKIRCHE
HOTEL PARK INN
KIENBERGPARK
LANDWEHRKANAL
NEUE SYNAGOGE

DER SOZIALISTISCHE BRUDERKUSS
BOULEVARD UNTER DEN LINDEN
HUMBOLDT UNI ALTES PALAIS
ALTER GARNISONFRIEDHOF
SCHLOSS SCHOENHAUSEN
HUMBOLDT UNIVERSITAET
NIKOLAIKIRCHE SPANDAU

Lösung

D	E	R	A	Z	N	X	N	R	I	P	W	Z	D	V	K	V	M	X
Q	G	L	U	A	D	N	A	P	S	H	V	E	R	I	Q	G	G	U
D	U	A	S	S	U	K	R	E	D	U	R	B	A	H	Z	A	B	Q
P	N	N	Q	E	J	E	D	L	U	I	U	V	V	U	E	R	N	Y
X	E	D	I	U	V	Z	Q	J	Z	A	N	X	E	M	U	N	E	K
V	D	W	G	E	U	F	A	T	F	C	I	E	L	B	S	I	S	G
I	N	E	K	N	W	O	E	P	C	S	J	R	U	O	C	S	U	Z
W	I	H	A	T	W	I	Y	K	E	D	V	E	O	L	H	O	A	Q
B	L	R	K	S	Y	N	A	G	O	G	E	H	B	D	L	N	H	I
Z	E	K	R	Z	R	Q	G	S	E	H	H	M	G	T	O	F	N	T
I	Z	A	A	H	E	O	W	U	H	K	C	P	W	Y	S	R	E	D
O	W	N	P	O	T	L	E	B	C	A	S	C	A	J	S	I	O	L
N	Z	A	G	T	L	C	O	L	R	D	I	X	M	R	I	E	H	O
S	M	L	R	E	A	R	V	J	I	L	T	A	T	W	K	D	C	B
K	L	A	E	L	O	T	X	F	K	O	S	H	H	Z	E	H	S	M
I	E	C	B	A	L	T	E	S	I	N	I	E	G	D	P	O	U	U
R	T	E	N	R	F	Q	V	K	A	L	L	Q	U	V	T	F	U	H
C	O	B	E	E	Q	P	R	Z	L	G	A	Q	G	L	M	X	D	U
H	H	T	I	G	A	B	T	R	O	L	I	N	S	O	Q	D	F	C
E	N	A	K	L	H	E	E	I	K	W	Z	P	V	H	B	N	V	I
U	Q	X	A	L	K	I	N	U	I	T	O	W	Y	M	H	W	E	J
S	M	I	G	Y	A	N	F	U	N	L	S	L	L	B	L	I	A	D
S	S	Q	J	O	S	T	E	A	T	I	S	R	E	V	I	N	U	Y
K	L	O	S	T	E	R	K	I	R	C	H	E	F	W	P	F	M	P

Y P D U N G P C L Q D Q Q F I I S M W
V Y X H E X M C S L K F O V B R C A B
O R S G J Y D Q J Q E A E Y R S H K M
J E F O R U M A H P L T Y O O K L A A
C D U K R I G F F D U S R M W C O D R
L S B R B Y L L I W Q P D E N O S E X
R T K V V Y S T C L J T V J I F S M S
E H C R I K N E I H P O S U O V B I N
C H A R L O T T E N B U R G N S V E J
R H U T I E Z T L E W B E R L I N E R
O G X E S T A D T S C H L O S S S J R
R O X J X C Q Y C A X O E J U U Y C E
J Q H K I J C N I X Z W J G A J B F G
Q L E S N I R E H C S I F H X T I W F
S E H C S I D N E A L L O H E A W W F
Y F A L K E N B E R G P O T S D A M S
K E F U J N H D K U E N S T E T H V C
M Y M Q Z H B S S O L H C S B G T B Y
G A F R I E D R I C H S F E L D E O E
G U W K T D A T S N E T R A G J M R A
B B H S A N S S O U C I T D N A R B Q
G E D A E C H T N I S K I R C H E V K
Q S L E G N E N Z S S O L H C S V L V
E F M R U T D L A W E N U R G G W L O

11

SOPHIENKIRCHE
GRUNEWALDTURM
BERLINER STADTSCHLOSS
SCHLOSS FRIEDRICHSFELDE
GARTENSTADT FALKENBERG
SCHLOSS CHARLOTTENBURG
HOLLAENDISCHES VIERTEL POTSDAM
AKADEMIE DER KUENSTE
MARX ENGELS FORUM
GEDAECHTNISKIRCHE
WILLY BRANDT HAUS
SCHLOSS SANSSOUCI
FISCHERINSEL
WELTZEITUHR

Lösung

Y	P	D	U	N	G	P	C	L	Q	D	Q	Q	F	I	I	S	M	W
V	Y	X	H	E	X	M	C	S	L	K	F	O	V	B	R	C	A	B
O	R	S	G	J	Y	D	Q	J	Q	E	A	E	Y	R	S	H	K	M
J	E	F	O	R	U	M	A	H	P	L	T	Y	O	O	K	L	A	A
C	D	U	K	R	I	G	F	F	D	U	S	R	M	W	C	O	D	R
L	S	B	R	B	Y	L	L	I	W	Q	P	D	E	N	O	S	E	X
R	T	K	V	V	Y	S	T	C	L	J	T	V	J	I	F	S	M	S
E	H	C	R	I	K	N	E	I	H	P	O	S	U	O	V	B	I	N
C	H	A	R	L	O	T	T	E	N	B	U	R	G	N	S	V	E	J
R	H	U	T	I	E	Z	T	L	E	W	B	E	R	L	I	N	E	R
O	G	X	E	S	T	A	D	T	S	C	H	L	O	S	S	S	J	R
R	O	X	J	X	C	Q	Y	C	A	X	O	E	J	U	U	Y	C	E
J	Q	H	K	I	J	C	N	I	X	Z	W	J	G	A	J	B	F	G
Q	L	E	S	N	I	R	E	H	C	S	I	F	H	X	T	I	W	F
S	E	H	C	S	I	D	N	E	A	L	L	O	H	E	A	W	W	F
Y	F	A	L	K	E	N	B	E	R	G	P	O	T	S	D	A	M	S
K	E	F	U	J	N	H	D	K	U	E	N	S	T	E	T	H	V	C
M	Y	M	Q	Z	H	B	S	S	O	L	H	C	S	B	G	T	B	Y
G	A	F	R	I	E	D	R	I	C	H	S	F	E	L	D	E	O	E
G	U	W	K	T	D	A	T	S	N	E	T	R	A	G	J	M	R	A
B	B	H	S	A	N	S	S	O	U	C	I	T	D	N	A	R	B	Q
G	E	D	A	E	C	H	T	N	I	S	K	I	R	C	H	E	V	K
Q	S	L	E	G	N	E	N	Z	S	S	O	L	H	C	S	V	L	V
E	F	M	R	U	T	D	L	A	W	E	N	U	R	G	G	W	L	O

W	U	C	M	X	S	F	V	U	B	C	Q	N	D	H	K	T	B	J
B	D	N	C	P	G	O	L	D	E	N	E	R	X	R	R	Y	B	Y
V	H	H	R	I	N	X	E	M	A	V	T	J	S	I	O	X	E	V
R	B	O	P	K	G	A	R	T	E	N	R	D	S	Z	N	H	R	H
I	R	K	F	S	B	O	C	H	S	X	A	S	E	A	P	C	L	B
K	E	V	N	N	E	Z	I	F	G	U	B	E	L	D	R	D	I	R
I	C	G	C	E	G	W	T	M	Q	O	R	G	L	H	I	Y	N	S
D	H	A	S	N	N	I	T	E	Y	Q	E	T	A	E	N	R	E	Q
D	T	C	S	H	I	T	C	S	M	Y	N	L	H	W	Z	E	R	L
D	Q	U	E	E	A	K	Y	S	V	D	N	G	N	A	E	H	U	N
X	A	Q	W	U	D	R	H	E	K	V	B	A	E	V	N	C	B	W
H	E	Z	J	B	H	A	A	G	K	I	A	O	N	U	P	S	S	B
U	H	T	F	D	F	M	U	E	M	T	H	V	I	T	A	I	L	I
D	C	A	R	L	S	N	P	L	G	B	N	M	B	E	L	G	Z	T
M	S	L	O	A	U	E	T	A	E	M	B	K	R	A	A	O	K	O
H	T	P	D	W	A	M	B	E	J	O	I	P	U	T	I	L	U	Y
K	U	O	N	E	H	R	A	N	D	D	U	U	T	I	S	O	E	I
V	E	S	E	Q	T	A	H	D	U	F	J	K	E	S	V	O	N	F
C	D	S	I	P	R	D	N	E	M	D	Z	V	K	R	S	Z	S	V
S	E	I	R	B	E	N	H	O	S	N	F	T	T	E	K	K	T	A
J	R	M	A	F	Z	E	O	U	Q	X	D	Y	U	V	Q	V	E	V
R	T	A	M	M	N	G	F	N	I	L	R	E	B	I	O	Z	J	W
U	H	H	O	Z	O	E	N	F	L	A	Z	T	W	N	M	L	A	N
C	B	C	Q	I	K	P	A	E	G	R	Q	W	V	U	E	J	H	U

12

AEG TURBINENHALLE
HAUPTBAHNHOF BERLIN
ZOOLOGISCHER GARTEN
BERLINER MESSEGELAENDE
UNIVERSITAET DER KUENSTE
TRABRENNBAHN MARIENDORF
KONZERTHAUS GENDARMENMARKT

ICC
BRECHT HAUS
WALDBUEHNE
GOLDENER RISS
DEUTSCHE DOM
CHAMISSOPLATZ
KRONPRINZENPALAIS

Lösung

W	U	C	M	X	S	F	V	U	B	C	Q	N	D	H	K	T	B	J
B	D	N	C	P	G	O	L	D	E	N	E	R	X	R	R	Y	B	Y
V	H	H	R	I	N	X	E	M	A	V	T	J	S	I	O	X	E	V
R	B	O	P	K	G	A	R	T	E	N	R	D	S	Z	N	H	R	H
I	R	K	F	S	B	O	C	H	S	X	A	S	E	A	P	C	L	B
K	E	V	N	N	E	Z	I	F	G	U	B	E	L	D	R	D	I	R
I	C	G	C	E	G	W	T	M	Q	O	R	G	L	H	I	Y	N	S
D	H	A	S	N	N	I	T	E	Y	Q	E	T	A	E	N	R	E	Q
D	T	C	S	H	I	T	C	S	M	Y	N	L	H	W	Z	E	R	L
D	Q	U	E	E	A	K	Y	S	V	D	N	G	N	A	E	H	U	N
X	A	Q	W	U	D	R	H	E	K	V	B	A	E	V	N	C	B	W
H	E	Z	J	B	H	A	A	G	K	I	A	O	N	U	P	S	S	B
U	H	T	F	D	F	M	U	E	M	T	H	V	I	T	A	I	L	I
D	C	A	R	L	S	N	P	L	G	B	N	M	B	E	L	G	Z	T
M	S	L	O	A	U	E	T	A	E	M	B	K	R	A	A	O	K	O
H	T	P	D	W	A	M	B	E	J	O	I	P	U	T	I	L	U	Y
K	U	O	N	E	H	R	A	N	D	D	U	U	T	I	S	O	E	I
V	E	S	E	Q	T	A	H	D	U	F	J	K	E	S	V	O	N	F
C	D	S	I	P	R	D	N	E	M	D	Z	V	K	R	S	Z	S	V
S	E	I	R	B	E	N	H	O	S	N	F	T	T	E	K	K	T	A
J	R	M	A	F	Z	E	O	U	Q	X	D	Y	U	V	Q	V	E	V
R	T	A	M	M	N	G	F	N	I	L	R	E	B	I	O	Z	J	W
U	H	H	O	Z	O	E	N	F	L	A	Z	T	W	N	M	L	A	N
C	B	C	Q	I	K	P	A	E	G	R	Q	W	V	U	E	J	H	U

S	C	H	E	U	N	E	N	V	I	E	R	T	E	L	Q	X	S	H
X	D	E	P	A	D	G	A	L	T	E	N	C	M	K	Y	S	H	B
C	R	R	B	B	H	A	S	E	N	H	E	I	D	E	X	E	D	C
C	A	I	A	E	G	L	B	E	J	C	D	B	H	C	U	U	F	A
V	G	R	O	R	Z	G	P	I	Z	U	X	Z	A	F	Z	N	X	W
A	A	G	L	L	S	V	P	R	V	O	L	K	S	P	A	R	K	X
I	R	R	E	I	S	G	A	E	E	R	S	Y	Y	A	D	L	K	C
P	T	N	E	N	Q	Q	Q	L	Q	D	H	B	O	E	A	U	U	D
M	E	Q	A	H	U	P	B	A	U	S	S	S	I	A	L	A	P	T
Y	N	W	H	A	C	K	B	G	P	S	C	O	H	A	R	O	Y	S
L	G	Y	R	X	T	S	P	L	R	F	W	H	S	Y	D	N	U	R
O	X	I	E	P	L	U	I	A	Z	A	F	X	W	E	M	W	Y	E
P	U	W	B	G	Q	A	U	N	N	V	F	G	N	E	U	M	Q	U
M	G	O	P	I	M	H	Z	O	A	Z	K	K	R	E	R	Q	E	F
K	O	H	E	V	E	N	P	I	J	T	M	W	R	O	K	I	E	R
A	F	N	E	I	G	E	L	T	J	A	O	M	J	T	S	Q	N	U
U	X	S	M	E	D	P	H	A	L	D	E	B	R	Z	Z	S	C	K
F	P	T	E	G	I	O	S	N	T	L	J	O	Q	E	L	B	E	D
I	A	A	R	C	V	R	U	F	E	S	V	Z	X	V	V	Q	I	R
K	J	D	F	O	V	T	K	R	A	G	R	E	B	Z	U	E	R	K
M	C	T	I	D	G	A	H	C	S	E	S	S	O	R	G	Z	R	V
Q	D	N	S	E	Y	A	S	I	E	M	E	N	S	S	T	A	D	T
F	U	N	K	A	U	S	S	T	E	L	L	U	N	G	Y	Z	E	K
M	G	W	S	S	T	A	D	I	O	N	N	I	L	R	E	B	O	Q

13

KREUZBERG
ERMELERHAUS
PALAIS SCHWERIN
AQUARIUM BERLIN
ALTE NATIONALGALERIE
WOHNSTADT CARL LEGIEN
DENKMAL GROSSER KURFUERST

FUNKAUSSTELLUNG BERLIN
VOLKSPARK HASENHEIDE
BOTANISCHER GARTEN
GROSSES TROPENHAUS
OLYMPIA STADION
SCHEUNENVIERTEL
SIEMENSSTADT

Lösung

S C H E U N E N V I E R T E L Q X S H
X D E P A D G A L T E N C M K Y S H B
C R R B B H A S E N H E I D E X E D C
C A I A E G L B E J C D B H C U U F A
V G R O R Z G P I Z U X Z A F Z N X W
A A G L L S V P R V O L K S P A R K X
I R R E I S G A E E R S Y Y A D L K C
P T N E N Q Q Q L Q D H B O E A U U D
M E Q A H U P B A U S S S I A L A P T
Y N W H A C K B G P S C O H A R O Y S
L G Y R X T S P L R F W H S Y D N U R
O X I E P L U I A Z A F X W E M W Y E
P U W B G Q A U N N V F G N E U M Q U
M G O P I M H Z O A Z K K R E R Q E F
K O H E V E N P I J T M W R O K I E R
A F N E I G E L T J A O M J T S Q N U
U X S M E D P H A L D E B R Z Z S C K
F P T E G I O S N T L J O Q E L B E D
I A A R C V R U F E S V Z X V V Q I R
K J D F O V T K R A G R E B Z U E R K
M C T I D G A H C S E S S O R G Z R V
Q D N S E Y A S I E M E N S S T A D T
F U N K A U S S T E L L U N G Y Z E K
M G W S S T A D I O N N I L R E B O Q

A I N E B E Q F J V K H Y C A U P V P
I Z A O D H F O H L E P M E T M R R I
I U A I G C R H U R E S S A W M Y B L
V C H Q C S W A L L O G A L U H A O Y
D H E M T R A O T D V R R P S P H L J
Y Z N I E E S F Y C S E C R C K S Y L
P Y Q N S D S E R X U B H E H D E R F
R V M I S R E X W W B I E N L U V R I
S K G S A E R H Z C B H N Z O F S J N
U O F T R W K W M M C O H L S L E T N
A F F E T S L N N R M Z O A S U T W E
H Q V R S H O G I L A K L U B G R U N
X T Z I N C P K R A K P D E R H A A H
B D T E E I S W U E G A G R U A W F A
K Y R N Z R S F W S B H P R E F N M U
O K M U T D P E P E B R Y B C E R B S
N Z U J E E Z L Q I R N E Q K N E T S
R K U L U I B S M H Y R O F E Z T W I
F M N K H R G P G W L Z H L F O S Y E
G M M G C F F U D I O F E U E E J T D
V T F V S S C M N J K E R J W S F V L
Y Z J J E R E I T R A U Q W C N C P U
P K U R F U E R S T E N D A M M U G N
N I K O L A I K I R C H E M I T T E G

14

MALL OF BERLIN
SCHLOSSBRUECKE
KURFUERSTENDAMM
HAUS DER MINISTERIEN
FLUGHAFEN TEMPELHOF
QUARTIER SCHUETZENSTRASSE
FRIEDRICHSWERDERSCHE KIRCHE
ARCHENHOLD STERNWARTE
FINNENHAUSSIEDLUNG
NIKOLAIKIRCHE MITTE
PRENZLAUER BERG
WASSERKLOPS
PFEFFERBERG
WASSERUHR

Lösung

A	I	N	E	B	E	Q	F	J	V	K	H	Y	C	A	U	P	V	P
I	Z	A	O	D	H	F	O	H	L	E	P	M	E	T	M	R	R	I
I	U	A	I	G	C	R	H	U	R	E	S	S	A	W	M	Y	B	L
V	C	H	Q	C	S	W	A	L	L	O	G	A	L	U	H	A	O	Y
D	H	E	M	T	R	A	O	T	D	V	R	R	P	S	P	H	L	J
Y	Z	N	I	E	E	S	F	Y	C	S	E	C	R	C	K	S	Y	L
P	Y	Q	N	S	D	S	E	R	X	U	B	H	E	H	D	E	R	F
R	V	M	I	S	R	E	X	W	W	B	I	E	N	L	U	V	R	I
S	K	G	S	A	E	R	H	Z	C	B	H	N	Z	O	F	S	J	N
U	O	F	T	R	W	K	W	M	M	C	O	H	L	S	L	E	T	N
A	F	F	E	T	S	L	N	N	R	M	Z	O	A	S	U	T	W	E
H	Q	V	R	S	H	O	G	I	L	A	K	L	U	B	G	R	U	N
X	T	Z	I	N	C	P	K	R	A	K	P	D	E	R	H	A	A	H
B	D	T	E	E	I	S	W	U	E	G	A	G	R	U	A	W	F	A
K	Y	R	N	Z	R	S	F	W	S	B	H	P	R	E	F	N	M	U
O	K	M	U	T	D	P	E	P	E	B	R	Y	B	C	E	R	B	S
N	Z	U	J	E	E	Z	L	Q	I	R	N	E	Q	K	N	E	T	S
R	K	U	L	U	I	B	S	M	H	Y	R	O	F	E	Z	T	W	I
F	M	N	K	H	R	G	P	G	W	L	Z	H	L	F	O	S	Y	E
G	M	M	G	C	F	F	U	D	I	O	F	E	U	E	E	J	T	D
V	T	F	V	S	S	C	M	N	J	K	E	R	J	W	S	F	V	L
Y	Z	J	J	E	R	E	I	T	R	A	U	Q	W	C	N	C	P	U
P	K	U	R	F	U	E	R	S	T	E	N	D	A	M	M	U	G	N
N	I	K	O	L	A	I	K	I	R	C	H	E	M	I	T	T	E	G

X	W	F	K	A	R	L	T	L	S	C	H	I	N	K	E	L	I	J
F	O	K	R	A	P	R	E	I	T	K	I	R	C	H	E	N	R	G
Y	B	N	X	X	K	R	E	U	Z	R	O	L	E	F	F	K	N	V
B	E	W	V	I	O	E	H	C	R	I	K	F	R	O	D	A	F	H
W	R	L	O	D	Y	C	S	L	O	C	G	L	W	K	S	U	U	A
E	L	H	K	R	O	N	B	G	F	T	T	C	T	I	S	F	D	U
S	I	B	X	Q	J	G	W	Z	I	B	Q	K	K	K	S	H	W	S
T	N	S	F	X	F	M	A	N	J	L	D	E	N	K	M	A	L	V
E	F	C	E	Q	D	A	H	F	G	H	I	E	R	T	X	U	S	O
N	Q	I	Z	R	E	T	A	R	P	R	O	E	H	L	L	S	Y	G
S	E	Q	G	K	B	A	U	T	E	N	G	I	H	C	V	P	I	T
Y	V	Q	F	B	T	M	M	X	D	M	A	Q	Y	Z	A	S	N	E
L	E	T	R	E	I	V	N	E	T	N	A	R	G	I	M	W	T	I
E	K	C	E	U	R	B	M	U	A	B	R	E	B	O	R	H	E	P
M	U	X	R	Y	A	P	P	T	D	F	Q	I	M	E	K	C	R	L
O	H	G	Q	D	V	N	G	U	D	A	E	H	L	I	S	I	N	A
R	U	Y	I	N	G	L	U	H	A	N	H	T	N	A	I	R	A	T
D	M	L	E	M	N	P	E	U	K	N	S	L	A	N	W	D	T	Z
O	B	U	X	W	U	X	N	F	S	N	B	Z	E	E	C	E	I	D
P	E	N	H	U	G	S	O	Y	E	S	P	V	D	M	P	I	O	B
M	R	E	G	R	E	U	B	U	V	Y	E	E	U	I	Z	R	N	R
E	E	D	N	U	W	Q	K	E	E	P	S	F	J	V	F	F	A	P
T	D	D	T	R	E	P	T	O	W	E	R	S	U	Y	S	E	L	V
M	T	H	J	V	B	M	O	L	E	C	U	L	E	K	M	T	E	N

15

DORFKIRCHE DAHLEM
OBERBAUMBRUECKE
MIGRANTENVIERTEL
HAUSVOGTEIPLATZ
TEMPODROM
NEUE WACHE
PRATER

TIERPARK BERLIN
HEILIG KREUZ KIRCHE
KAUFHAUS DES WESTENS
INTERNATIONALE KUENSTLER
KARL FRIEDRICH SCHINKEL BAUTEN
TREPTOWERS UND MOLECULE MAN
DENKMAL BUERGER IN BEWEGUNG

Lösung

X	W	F	K	A	R	L	T	L	S	C	H	I	N	K	E	L	I	J
F	O	K	R	A	P	R	E	I	T	K	I	R	C	H	E	N	R	G
Y	B	N	X	X	K	R	E	U	Z	R	O	L	E	F	F	K	N	V
B	E	W	V	I	O	E	H	C	R	I	K	F	R	O	D	A	F	H
W	R	L	O	D	Y	C	S	L	O	C	G	L	W	K	S	U	U	A
E	L	H	K	R	O	N	B	G	F	T	T	C	T	I	S	F	D	U
S	I	B	X	Q	J	G	W	Z	I	B	Q	K	K	K	S	H	W	S
T	N	S	F	X	F	M	A	N	J	L	D	E	N	K	M	A	L	V
E	F	C	E	Q	D	A	H	F	G	H	I	E	R	T	X	U	S	O
N	Q	I	Z	R	E	T	A	R	P	R	O	E	H	L	L	S	Y	G
S	E	Q	G	K	B	A	U	T	E	N	G	I	H	C	V	P	I	T
Y	V	Q	F	B	T	M	M	X	D	M	A	Q	Y	Z	A	S	N	E
L	E	T	R	E	I	V	N	E	T	N	A	R	G	I	M	W	T	I
E	K	C	E	U	R	B	M	U	A	B	R	E	B	O	R	H	E	P
M	U	X	R	Y	A	P	P	T	D	F	Q	I	M	E	K	C	R	L
O	H	G	Q	D	V	N	G	U	D	A	E	H	L	I	S	I	N	A
R	U	Y	I	N	G	L	U	H	A	N	H	T	N	A	I	R	A	T
D	M	L	E	M	N	P	E	U	K	N	S	L	A	N	W	D	T	Z
O	B	U	X	W	U	X	N	F	S	N	B	Z	E	E	C	E	I	D
P	E	N	H	U	G	S	O	Y	E	S	P	V	D	M	P	I	O	B
M	R	E	G	R	E	U	B	U	V	Y	E	E	U	I	Z	R	N	R
E	E	D	N	U	W	Q	K	E	E	P	S	F	J	V	F	F	A	P
T	D	D	T	R	E	P	T	O	W	E	R	S	U	Y	S	E	L	V
M	T	H	J	V	B	M	O	L	E	C	U	L	E	K	M	T	E	N

G R O S S P L A N E T A R I U M L P M

J E O M T S S I E Z K T R B I B B P H

O Z C R I V C R C I E G F S U A H U R

E T B G X J G Z R D D E R P C T F H S

H A H O A W D E R B E L D L G Z L Z F

O L O Z U U M E E Z H A K A U N N E M

E P M Q S A V J R A N R N T A A E M W

H D C A N E T R E A G D E Z P E S A V

A I Z K E H I G K A O E D M D U E R T

N E A N U R P L F Z S H E Q C E C I L

S H A A H L C N B J D T G I R E D E J

A C S H J R T H E A O A R M A L I N B

V S G Y T E T U E D H K P F R P Z K I

I T I P K L N P R N V N E M Z T K I B

E I W G K H P X T E B B N I B E P R L

R E D X W O T Y X L N R G H Y P Z C I

T R E F D H E T E D X E U B A X S H O

E B H N X B S T L Z R L L N I Z A E T

L O E U R O P A C E G T J J N M V W H

Z W O S T F L P C U W B R E O E K V E

M S S E T L A K V S N P Y D A F N T K

H T V U B D B K E H T O I L B I B N G

F K L E S N I N E U A F P P Q T P G K

E F S L X D F T Q E C C E N T E R J N

16

BREITSCHEIDPLATZ
MAERCHENBRUNNEN
HEDWIGS KATHEDRALE
ZEISS GROSSPLANETARIUM
AMERIKA GEDENK BIBLIOTHEK
HAUS DER KULTUREN DER WELT
SEILBAHN AN DEN GAERTEN DER WELT

PFAUENINSEL
MARIENKIRCHE
ALTE BIBLIOTHEK
EUROPA CENTER
HANSAVIERTEL
LEIPZIGER PLATZ
HOHLER ZAHN

Lösung

G	R	O	S	S	P	L	A	N	E	T	A	R	I	U	M	L	P	M
J	E	O	M	T	S	S	I	E	Z	K	T	R	B	I	B	B	P	H
O	Z	C	R	I	V	C	R	C	I	E	G	F	S	U	A	H	U	R
E	T	B	G	X	J	G	Z	R	D	D	E	R	P	C	T	F	H	S
H	A	H	O	A	W	D	E	R	B	E	L	D	L	G	Z	L	Z	F
O	L	O	Z	U	U	M	E	E	Z	H	A	K	A	U	N	N	E	M
E	P	M	Q	S	A	V	J	R	A	N	R	N	T	A	A	E	M	W
H	D	C	A	N	E	T	R	E	A	G	D	E	Z	P	E	S	A	V
A	I	Z	K	E	H	I	G	K	A	O	E	D	M	D	U	E	R	T
N	E	A	N	U	R	P	L	F	Z	S	H	E	Q	C	E	C	I	L
S	H	A	A	H	L	C	N	B	J	D	T	G	I	R	E	D	E	J
A	C	S	H	J	R	T	H	E	A	O	A	R	M	A	L	I	N	B
V	S	G	Y	T	E	T	U	E	D	H	K	P	F	R	P	Z	K	I
I	T	I	P	K	L	N	P	R	N	V	N	E	M	Z	T	K	I	B
E	I	W	G	K	H	P	X	T	E	B	B	N	I	B	E	P	R	L
R	E	D	X	W	O	T	Y	X	L	N	R	G	H	Y	P	Z	C	I
T	R	E	F	D	H	E	T	E	D	X	E	U	B	A	X	S	H	O
E	B	H	N	X	B	S	T	L	Z	R	L	L	N	I	Z	A	E	T
L	O	E	U	R	O	P	A	C	E	G	T	J	J	N	M	V	W	H
Z	W	O	S	T	F	L	P	C	U	W	B	R	E	O	E	K	V	E
M	S	S	E	T	L	A	K	V	S	N	P	Y	D	A	F	N	T	K
H	T	V	U	B	D	B	K	E	H	T	O	I	L	B	I	B	N	G
F	K	L	E	S	N	I	N	E	U	A	F	P	P	Q	T	P	G	K
E	F	S	L	X	D	F	T	Q	E	C	C	E	N	T	E	R	J	N

S I E M E N S S T A D T Z I H S E B S
L R W I H R X N J H Q H H Q F I Q V H
G U N P H E C P A I A I S Y L D A A F
K P R W P H N F Q I D C S R G Y F Y Z
I L N D J C F H Y V L C B V C Y R T H
W H O K R S N T V J E W E D A K Z N E
S G I W W I U E G K R H Y X K W Q E I
O E D D F G R M U U B G W H E F X P R
W O A E L O G Y T E F O H N H A B T E
J R T N A L V C Z W D U K H J U H U L
E G S K M O U P K Z H G I U R N U N A
T H A M N O A N A J O S B O E R X B G
I B I A E Z L P M D T A T G N L G R L
S D P L R M T M V O J E A S I L H U A
C X M S H C U H R U S L M W O U U N N
H K Y A E E U I E Q N F E C B A Y N O
E R L E S K S D R A J D K J C U G E I
S A O U T C I L S R O E E B N Y J N T
K T M A H S N K E P N S V P F S A U A
V H W E C E R S E T E O D R O D J Q N
Q A R H F E L S U A H I A L O C I N S
U U E A W E T R H R Z C P J G B Q E E
V S H F H H M X E L Q N E T R A G C Y
M R U T L E G U K T O R H C S T D O Q

17

NEPTUNBRUNNEN
SCHROTKUGELTURM
NEUE NATIONALGALERIE
SOWJETISCHES EHRENMAL
WERKSANLAGEN SIEMENSSTADT
BAHNHOF ZOOLOGISCHER GARTEN
GLOCKENTURM AM OLYMPIASTADION

GEORG ELSER DENKMAL
HISTORISCHER HAFEN
JUEDISCHES MUSEUM
PALAIS PODEWIL
ROTES RATHAUS
NICOLAIHAUS
KADEWE

Lösung

S	I	E	M	E	N	S	S	T	A	D	T	Z	I	H	S	E	B	S
L	R	W	I	H	R	X	N	J	H	Q	H	H	Q	F	I	Q	V	H
G	U	N	P	H	E	C	P	A	L	A	I	S	Y	L	D	A	A	F
K	P	R	W	P	H	N	F	Q	I	D	C	S	R	G	Y	F	Y	Z
I	L	N	D	J	C	F	H	Y	V	L	C	B	V	C	Y	R	T	H
W	H	O	K	R	S	N	T	V	J	E	W	E	D	A	K	Z	N	E
S	G	I	W	W	I	U	E	G	K	R	H	Y	X	K	W	Q	E	I
O	E	D	D	F	G	R	M	U	U	B	G	W	H	E	F	X	P	R
W	O	A	E	L	O	G	Y	T	E	F	O	H	N	H	A	B	T	E
J	R	T	N	A	L	V	C	Z	W	D	U	K	H	J	U	H	U	L
E	G	S	K	M	O	U	P	K	Z	H	G	I	U	R	N	U	N	A
T	H	A	M	N	O	A	N	A	J	O	S	B	O	E	R	X	B	G
I	B	I	A	E	Z	L	P	M	D	T	A	T	G	N	L	G	R	L
S	D	P	L	R	M	T	M	V	O	J	E	A	S	I	L	H	U	A
C	X	M	S	H	C	U	H	R	U	S	L	M	W	O	U	U	N	N
H	K	Y	A	E	E	U	I	E	Q	N	F	E	C	B	A	Y	N	O
E	R	L	E	S	K	S	D	R	A	J	D	K	J	C	U	G	E	I
S	A	O	U	T	C	I	L	S	R	O	E	E	B	N	Y	J	N	T
K	T	M	A	H	S	N	K	E	P	N	S	V	P	F	S	A	U	A
V	H	W	E	C	E	R	S	E	T	E	O	D	R	O	D	J	Q	N
Q	A	R	H	F	E	L	S	U	A	H	I	A	L	O	C	I	N	S
U	U	E	A	W	E	T	R	H	R	Z	C	P	J	G	B	Q	E	E
V	S	H	F	H	H	M	X	E	L	Q	N	E	T	R	A	G	C	Y
M	R	U	T	L	E	G	U	K	T	O	R	H	C	S	T	D	O	Q

G	A	L	O	P	P	R	E	N	N	B	A	H	N	C	I	E	X	A
X	U	Z	F	I	M	V	I	K	T	O	R	I	A	P	A	R	K	W
O	C	C	M	U	Y	S	Z	Z	M	B	E	D	Z	D	V	Y	C	M
C	K	A	S	F	M	S	D	K	M	N	H	P	F	V	P	J	Q	H
F	Q	E	C	N	U	P	E	R	G	A	M	O	N	T	C	C	H	E
Z	U	S	V	O	R	S	T	A	D	T	B	Q	F	Q	X	E	B	E
M	J	B	O	U	T	S	T	A	D	T	S	C	H	L	O	S	S	C
S	D	X	V	S	N	X	T	F	D	L	U	E	G	W	J	V	F	P
I	P	C	P	L	E	M	K	B	A	N	R	W	N	W	Y	Z	X	K
F	E	A	Z	I	Z	J	F	Y	D	A	B	O	D	E	F	S	L	P
K	B	W	N	N	T	A	H	O	P	P	E	G	A	R	T	E	N	K
J	X	K	U	D	D	Q	O	J	P	I	J	N	W	P	E	W	R	K
N	I	K	O	L	A	I	K	I	R	C	H	E	E	D	V	A	R	X
X	D	X	B	M	T	U	O	T	T	H	T	T	J	G	P	A	Y	L
C	V	K	T	E	S	X	E	E	V	O	E	K	O	R	P	B	W	J
E	L	P	O	Z	R	T	K	R	T	R	B	E	E	A	A	E	K	A
H	F	A	A	D	L	L	X	S	D	I	R	U	Q	A	R	W	K	Z
E	Z	U	Y	W	U	W	I	M	S	L	A	A	A	B	I	M	Z	Z
I	S	Q	B	Z	A	D	B	N	I	M	L	N	S	M	S	B	U	L
L	E	A	W	D	P	W	S	T	E	T	Q	E	U	G	E	A	X	Y
R	T	U	A	N	G	V	Z	N	A	R	Y	C	N	J	R	Y	M	F
A	L	A	B	F	V	E	Z	R	W	I	O	W	U	H	X	S	I	Z
H	A	R	C	S	R	O	Y	P	A	Q	G	B	W	C	S	D	O	M
C	W	C	H	E	C	K	P	O	I	N	T	P	L	A	T	Z	T	W

18

GOERLITZER PARK
PERGAMON ALTAR
STPETER UND PAUL
CHECKPOINT CHARLIE
ALTES STADTZENTRUM
SPANDAUER VORSTADT
GALOPPRENNBAHN HOPPEGARTEN

MAUERPARK
PARISER PLATZ
VIKTORIAPARK
STADTSCHLOSS
BERLINER DOM
NIKOLAIKIRCHE
BODE MUSEUM

Lösung

G	A	L	O	P	P	R	E	N	N	B	A	H	N	C	I	E	X	A
X	U	Z	F	I	M	V	I	K	T	O	R	I	A	P	A	R	K	W
O	C	C	M	U	Y	S	Z	Z	M	B	E	D	Z	D	V	Y	C	M
C	K	A	S	F	M	S	D	K	M	N	H	P	F	V	P	J	Q	H
F	Q	E	C	N	U	P	E	R	G	A	M	O	N	T	C	C	H	E
Z	U	S	V	O	R	S	T	A	D	T	B	Q	F	Q	X	E	B	E
M	J	B	O	U	T	S	T	A	D	T	S	C	H	L	O	S	S	C
S	D	X	V	S	N	X	T	F	D	L	U	E	G	W	J	V	F	P
I	P	C	P	L	E	M	K	B	A	N	R	W	N	W	Y	Z	X	K
F	E	A	Z	I	Z	J	F	Y	D	A	B	O	D	E	F	S	L	P
K	B	W	N	N	T	A	H	O	P	P	E	G	A	R	T	E	N	K
J	X	K	U	D	D	Q	O	J	P	I	J	N	W	P	E	W	R	K
N	I	K	O	L	A	I	K	I	R	C	H	E	E	D	V	A	R	X
X	D	X	B	M	T	U	O	T	T	H	T	T	J	G	P	A	Y	L
C	V	K	T	E	S	X	E	E	V	O	E	K	O	R	P	B	W	J
E	L	P	O	Z	R	T	K	R	T	R	B	E	E	A	A	E	K	A
H	F	A	A	D	L	L	X	S	D	I	R	U	Q	A	R	W	K	Z
E	Z	U	Y	W	U	W	I	M	S	L	A	A	A	B	I	M	Z	Z
I	S	Q	B	Z	A	D	B	N	I	M	L	N	S	M	S	B	U	L
L	E	A	W	D	P	W	S	T	E	T	Q	E	U	G	E	A	X	Y
R	T	U	A	N	G	V	Z	N	A	R	Y	C	N	J	R	Y	M	F
A	L	A	B	F	V	E	Z	R	W	I	O	W	U	H	X	S	I	Z
H	A	R	C	S	R	O	Y	P	A	Q	G	B	W	C	S	D	O	M
C	W	C	H	E	C	K	P	O	I	N	T	P	L	A	T	Z	T	W

DAS

MALLORCA

WORTSUCHRÄTSEL BUCH

D	O	O	W	R	H	F	Z	A	R	Y	V	E	K	P	Z	J	I	E
W	T	E	W	R	U	Z	S	L	S	N	Q	N	Z	H	K	A	P	V
W	A	N	X	M	F	Q	A	A	X	N	R	M	X	D	U	N	L	C
C	L	S	X	Q	B	J	Q	T	W	W	Q	A	N	W	S	A	A	B
N	A	J	Y	M	Y	U	G	U	K	L	K	M	O	B	R	J	Y	I
G	C	G	O	W	W	Y	D	E	C	K	Q	O	G	W	P	T	A	E
M	E	R	G	P	T	H	G	A	X	E	Y	C	H	I	N	I	D	L
F	D	O	Y	S	M	X	L	K	V	X	D	A	C	S	O	M	K	O
F	C	V	F	E	A	O	M	Q	I	R	M	A	X	D	R	L	J	W
W	A	M	Q	T	B	K	D	L	X	L	F	J	Y	V	Z	Y	Q	G
B	L	V	M	R	W	E	N	N	A	O	A	M	T	A	O	R	B	O
C	A	V	A	I	B	V	O	P	R	W	I	S	O	O	L	V	N	N
B	U	Z	I	Q	L	L	S	T	X	P	C	Q	G	L	R	P	H	E
D	S	H	F	S	U	M	F	F	N	L	A	Y	R	I	L	B	E	B
A	B	B	K	T	Y	O	X	A	Q	M	L	W	B	Z	W	C	Y	F
T	G	M	P	A	E	O	Q	M	B	V	A	Q	N	V	A	Q	S	W
H	V	U	X	H	N	I	H	O	H	S	A	N	W	L	B	A	D	F
M	F	F	L	B	O	F	X	D	E	A	S	M	A	P	R	W	M	O
C	X	G	V	L	J	Q	D	V	E	F	N	N	L	E	W	N	P	G
X	A	E	M	L	A	V	F	N	N	O	S	H	N	L	Y	K	H	Q
N	D	L	Z	G	R	Y	X	R	A	T	N	A	X	J	O	H	E	P
J	A	Z	A	K	E	A	A	R	G	Y	L	Q	Q	D	O	N	B	L
S	P	C	L	C	P	L	A	Y	A	D	R	Q	E	U	Z	Z	P	U
J	H	E	P	F	C	I	S	U	T	H	V	Z	D	I	V	Q	L	A

1

Strände

CALA SON MOLL
PLAYA DE PALMA
PLAYA DE SARENAL
CALA DE SA CALOBRA
PLAYA DE CAN PICAFORT
CALA MITJANA
CALA AGULLA
SON BIELO
CALA GAT
SA COMA

Lösung

D	O	O	W	R	H	F	Z	A	R	Y	V	E	K	P	Z	J	I	E
W	T	E	W	R	U	Z	S	L	S	N	Q	N	Z	H	K	A	P	V
W	A	N	X	M	F	Q	A	A	X	N	R	M	X	D	U	N	L	C
C	L	S	X	Q	B	J	Q	T	W	W	Q	A	N	W	S	A	A	B
N	A	J	Y	M	Y	U	G	U	K	L	K	M	O	B	R	J	Y	I
G	C	G	O	W	W	Y	D	E	C	K	Q	O	G	W	P	T	A	E
M	E	R	G	P	T	H	G	A	X	E	Y	C	H	I	N	I	D	L
F	D	O	Y	S	M	X	L	K	V	X	D	A	C	S	O	M	K	O
F	C	V	F	E	A	O	M	Q	I	R	M	A	X	D	R	L	J	W
W	A	M	Q	T	B	K	D	L	X	L	F	J	Y	V	Z	Y	Q	G
B	L	V	M	R	W	E	N	N	A	O	A	M	T	A	O	R	B	O
C	A	V	A	I	B	V	O	P	R	W	I	S	O	O	L	V	N	N
B	U	Z	I	Q	L	L	S	T	X	P	C	Q	G	L	R	P	H	E
D	S	H	F	S	U	M	F	F	N	L	A	Y	R	I	L	B	E	B
A	B	B	K	T	Y	O	X	A	Q	M	L	W	B	Z	W	C	Y	F
T	G	M	P	A	E	O	Q	M	B	V	A	Q	N	V	A	Q	S	W
H	V	U	X	H	N	I	H	O	H	S	A	N	W	L	B	A	D	F
M	F	F	L	B	O	F	X	D	E	A	S	M	A	P	R	W	M	O
C	X	G	V	L	J	Q	D	V	E	F	N	N	L	E	W	N	P	G
X	A	E	M	L	A	V	F	N	N	O	S	H	N	L	Y	K	H	Q
N	D	L	Z	G	R	Y	X	R	A	T	N	A	X	J	O	H	E	P
J	A	Z	A	K	E	A	A	R	G	Y	L	Q	Q	D	O	N	B	L
S	P	C	L	C	P	L	A	Y	A	D	R	Q	E	U	Z	Z	P	U
J	H	E	P	F	C	I	S	U	T	H	V	Z	D	I	V	Q	L	A

Q	C	R	F	B	F	M	E	S	Q	U	I	D	A	J	S	P	B	N
Q	A	Z	M	K	S	S	L	H	Q	A	S	V	O	W	F	C	L	L
I	L	P	L	A	Y	A	E	T	O	L	L	C	P	V	O	L	N	T
V	A	O	J	D	B	P	N	R	A	C	D	N	L	Q	R	Y	O	Q
C	E	O	A	L	A	C	W	E	L	U	K	S	A	S	M	H	F	R
J	M	Z	U	Y	M	V	G	N	B	D	R	U	Y	D	E	F	E	W
T	X	U	I	H	X	D	A	C	E	I	D	V	A	D	N	S	R	F
M	V	X	R	V	A	I	N	R	B	A	Y	G	C	D	T	B	R	Z
A	L	A	C	O	Z	X	L	Z	Q	N	O	G	X	U	O	G	E	M
C	T	F	R	J	A	Y	A	L	P	U	L	Q	Y	V	R	X	R	J
C	A	L	B	F	P	M	H	Q	I	W	E	P	L	X	V	G	A	L
S	N	V	R	O	V	O	W	T	G	M	N	S	S	D	D	Q	N	P
D	Q	G	P	Z	R	D	Y	Z	U	Z	J	G	A	G	R	L	J	Z
R	S	D	B	J	R	I	J	R	I	G	K	P	D	A	Z	X	R	P
A	A	L	A	C	D	B	A	B	I	G	K	J	T	H	B	A	Q	Z
B	O	A	V	Q	E	D	A	J	A	Q	W	G	Z	K	T	V	E	J
M	Z	T	U	I	A	W	B	R	X	G	Z	L	I	E	V	P	U	B
O	J	S	U	Q	M	P	B	Z	F	Y	W	C	M	J	O	V	T	P
L	H	O	G	A	R	D	N	O	M	Q	Q	J	M	W	B	F	K	J
L	I	D	R	O	E	E	V	V	H	W	Y	O	M	E	C	U	Y	R
C	O	A	P	U	A	R	P	X	V	O	F	F	G	W	U	W	Q	O
C	A	L	A	E	L	L	X	L	T	P	C	A	F	U	M	W	E	W
Q	O	T	C	X	D	S	A	X	M	I	E	R	W	U	P	P	W	C
Q	W	E	A	U	Q	Z	O	C	N	D	R	A	S	Z	A	B	K	Q

2

Strände

PLAYA DE MURO
CALA MESQUIDA
CALA LLOMBARDS
PLAYA DE ALCUDIA
PLAYA DE FORMENTOR

CALA MONDRAGO
CALA VARQUES
CALA FERRERA
CALA MURADA
ES TRENC

Lösung

Q	C	R	F	B	F	M	E	S	Q	U	I	D	A	J	S	P	B	N
Q	A	Z	M	K	S	S	L	H	Q	A	S	V	O	W	F	C	L	L
I	L	P	L	A	Y	A	E	T	O	L	L	G	P	V	O	L	N	T
V	A	O	J	D	B	P	N	R	A	C	D	N	L	Q	R	Y	O	Q
C	E	O	A	L	A	C	W	E	L	U	K	S	A	S	M	H	F	R
J	M	Z	U	Y	M	V	G	N	B	D	R	U	Y	D	E	F	E	W
T	X	U	I	H	X	D	A	C	E	I	D	V	A	D	N	S	R	F
M	V	X	R	V	A	I	N	R	B	A	Y	G	C	D	T	B	R	Z
A	L	A	C	O	Z	X	L	Z	Q	N	O	G	X	U	O	G	E	M
C	T	F	R	J	A	Y	A	L	P	U	L	Q	Y	V	R	X	R	J
C	A	L	B	F	P	M	H	Q	I	W	E	P	L	X	V	G	A	L
S	N	V	R	O	V	O	W	T	G	M	N	S	S	D	D	Q	N	P
D	Q	G	P	Z	R	D	Y	Z	U	Z	J	G	A	G	R	L	J	Z
R	S	D	B	J	R	I	J	R	I	G	K	P	D	A	Z	X	R	P
A	A	L	A	C	D	B	A	B	I	G	K	J	T	H	B	A	Q	Z
B	O	A	V	Q	E	D	A	J	A	Q	W	G	Z	K	T	V	E	J
M	Z	T	U	I	A	W	B	R	X	G	Z	L	I	E	V	P	U	B
O	J	S	U	Q	M	P	B	Z	F	Y	W	C	M	J	O	V	T	P
L	H	O	G	A	R	D	N	O	M	Q	Q	J	M	W	B	F	K	J
L	I	D	R	O	E	E	V	V	H	W	Y	O	M	E	C	U	Y	R
C	O	A	P	U	A	R	P	X	V	O	F	F	G	W	U	W	Q	O
C	A	L	A	E	L	L	X	L	T	P	C	A	F	U	M	W	E	W
Q	O	T	C	X	D	S	A	X	M	I	E	R	W	U	P	P	W	C
Q	W	E	A	U	Q	Z	O	C	N	D	R	A	S	Z	A	B	K	Q

D	Z	V	C	L	U	N	Z	C	K	B	R	S	N	T	C	K	W	T
C	I	S	P	A	I	C	C	T	R	A	M	U	N	T	A	N	E	R
D	M	I	U	N	N	D	F	F	C	Y	O	K	T	V	A	N	C	X
B	S	N	N	U	A	Y	I	A	W	X	V	O	W	J	I	A	Q	K
J	E	G	T	A	O	M	O	Q	A	X	I	J	G	N	E	O	K	C
F	P	A	A	S	P	J	L	N	H	T	H	Z	A	Y	M	A	R	C
G	R	G	D	X	O	Z	K	A	D	G	Y	L	M	F	X	O	A	O
P	N	G	L	Q	A	V	R	A	R	E	P	E	D	P	A	C	M	S
A	W	R	Q	E	X	I	T	X	C	U	D	W	E	C	Y	H	O	Y
A	F	H	D	H	M	L	D	F	T	E	T	O	R	A	R	K	G	L
X	P	L	Q	E	W	I	O	U	G	E	F	A	Q	R	G	A	S	N
J	O	X	K	W	P	R	V	P	C	A	B	D	N	R	S	S	P	E
Z	S	E	P	A	M	X	F	B	G	L	E	N	Z	E	G	H	M	L
N	P	B	R	E	X	T	P	B	I	K	A	U	E	S	S	E	Q	H
O	T	E	N	Y	I	U	L	X	R	U	Q	D	H	H	Q	Y	K	E
V	I	T	Z	S	A	C	U	H	E	N	A	R	I	M	L	A	P	O
S	O	N	P	I	L	R	T	D	Y	Y	T	S	X	Q	Y	E	U	H
R	A	V	A	Z	L	E	K	B	T	N	T	X	F	Q	A	E	G	N
G	Y	L	C	K	E	B	T	R	E	S	P	D	J	A	H	B	F	E
Y	A	O	T	F	V	L	D	R	Z	D	X	A	B	Q	J	U	T	H
T	L	W	G	A	A	A	R	P	E	M	S	E	R	R	A	C	F	C
S	P	G	Z	X	N	O	P	H	T	Q	F	B	X	C	U	H	K	A
N	D	H	H	U	T	D	Z	V	A	R	O	Q	Z	G	D	T	G	R
W	E	C	D	E	Y	W	M	A	N	A	T	N	U	M	A	R	T	D

3

Natur-highlights

SERRA DE TRAMUNTANA
TALAIA DE ALBERCUTX
SERRA DE TRAMUNTANE
PARC NATURAL DE LLEVANT
CANYON TORRENT DE PAREIS
PUNTA DE CAPDEPERA
BUCHT VON ALCUDIA
DRACHENHOEHLEN
PLAYA PALMIRA
CAP FORMENTOR

Lösung

D Z V C L U N Z C K B R S N T C K W T

C I S P A I C C T R A M U N T A N E R

D M I U N N D F F C Y O K T V A N C X

B S N N U A Y I A W X V O W J I A Q K

J E G T A O M O Q A X I J G N E O K C

F P A A S P J L N H T H Z A Y M A R C

G R G D X O Z K A D G Y L M F X O A O

P N G L Q A V R A R E P E D P A C M S

A W R Q E X I T X C U D W E C Y H O Y

A F H D H M L D F T E T O R A R K G L

X P L Q E W I O U G E F A Q R G A S N

J O X K W P R V P C A B D N R S S P E

Z S E P A M X F B G L E N Z E G H M L

N P B R E X T P B I K A U E S S E Q H

O T E N Y I U L X R U Q D H H Q Y K E

V I T Z S A C U H E N A R I M L A P O

S O N P I L R T D Y Y T S X Q Y E U H

R A V A Z L E K B T N T X F Q A E G N

G Y L C K E B T R E S P D J A H B F E

Y A O T F V L D R Z D X A B Q J U T H

T L W G A A A R P E M S E R R A C F C

S P G Z X N O P H T Q F B X C U H K A

N D H H U T D Z V A R O Q Z G D T G R

W E C D E Y W M A N A T N U M A R T D

P N X N J F K N S N O O U E S J D F Q
S C D G B I D D E L R S X Q A L D Q A
I S D A H S E S R A A L P U T W S E Z
T U M V P D E E L E L V M J H H D T S
O C L V Z B C A O U V E X E D W Y N N
T C M D L H P A C D Y L Z U P E K V S
J A Q E Q F P D P H E U L T P G K A O
H S S F O I B E F D A D E E D P U Y B
G T F B T U O P Y N E R W K B U Y H Z
E E O Q R R T T D S X P L S Q G I K X
L L R R O V Y R S R A G E X O F K Q Z
S L T B P R A Q S I J N L R Z G N T C
K V I W I T E O H F R I T O A J V M U
H N C W X S L T L V B C S T T E X F E
G I E W T L U N S Y B I F U G X B K D
T Z I B E L F K A O G B G J C R J N Z
H H S R G A Q A L L L E T S A C I S Q
S S B E X S Y I U D D K Q F Y N Z P M
Y K E I S J Z W M A Z C X X E M E O M
X N W J I S G K L X U B D Y Y M Q R L
N B R G E G I V L N F Y L O G Z B T T
Q Y S T L J P A E L A R D E H T A K P
K R M R L J Y U P N O P A G D L F J I
S Z S L S R E R E D L A C P X P V Q B

4

Sehens-
würdigkeiten

TREN DE SOLLER
PORT DE ANDRATX
FAR DE CAPDEPERA
CASTELL DE ALARO
KATHEDRALE LA SEU
CASTELL DE BELLVER

ELS CALDERERS
KLOSTER LLUC
PORTO CRISTO
SES PAISSES
SANT JAUME
ES FORTI

Lösung

P N X N J F K N S N O O U E S J D F Q
S C D G B I D D E L R S X Q A L D Q A
I S D A H S E S R A A L P U T W S E Z
T U M V P D E E L E L V M J H H D T S
O C L V Z B C A O U V E X E D W Y N N
T C M D L H P A C D Y L Z U P E K V S
J A Q E Q F P D P H E U L T P G K A O
H S S F O I B E F D A D E E D P U Y B
G T F B T U O P Y N E R W K B U Y H Z
E E O Q R R T T D S X P L S Q G I K X
L L R R O V Y R S R A G E X O F K Q Z
S L T B P R A Q S I J N L R Z G N T C
K V I W I T E O H F R I T O A J V M U
H N C W X S L T L V B C S T T E X F E
G I E W T L U N S Y B I F U G X B K D
T Z I B E L F K A O G B G J C R J N Z
H H S R G A Q A L L L E T S A C I S Q
S S B E X S Y I U D D K Q F Y N Z P M
Y K E I S J Z W M A Z C X X E M E O M
X N W J I S G K L X U B D Y Y M Q R L
N B R G E G I V L N F Y L O G Z B T T
Q Y S T L J P A E L A R D E H T A K P
K R M R L J Y U P N O P A G D L F J I
S Z S L S R E R E D L A C P X P V Q B

D	N	S	G	T	H	G	Q	P	H	W	P	G	V	A	U	Q	Z	I
B	A	D	B	D	T	Q	C	Z	Q	H	Z	C	S	L	V	G	E	K
Q	R	U	Q	L	W	D	G	U	D	U	K	E	D	E	D	S	E	D
X	O	V	C	D	Y	R	P	P	Y	Y	Y	I	K	C	O	M	K	Y
O	J	X	W	H	P	W	Y	N	K	D	S	N	E	L	E	E	H	Y
H	S	A	N	T	U	A	R	I	E	Q	V	P	L	G	U	L	B	Z
P	P	V	G	P	D	Z	T	Y	L	V	H	E	E	V	D	T	V	L
M	Q	I	N	M	Q	U	O	S	L	J	R	R	F	F	U	E	Q	Q
J	P	H	J	D	P	A	O	C	E	S	O	Q	V	R	V	B	X	R
S	M	U	A	K	L	D	A	J	T	F	Z	C	A	S	T	E	L	L
G	R	J	H	A	C	P	J	B	S	G	Y	E	I	V	P	E	G	A
F	X	L	C	J	D	F	T	H	A	E	Z	Q	O	P	S	E	I	H
N	C	P	U	E	O	Z	R	S	C	H	I	J	P	N	Z	K	X	F
C	K	P	P	E	K	T	D	Y	I	L	M	A	W	N	D	Y	A	C
F	F	E	L	A	K	A	X	A	R	B	O	L	A	C	G	E	C	A
J	R	S	S	K	Z	W	X	T	F	G	O	J	A	B	I	S	N	M
A	R	Z	S	A	A	F	O	A	T	I	M	R	E	J	O	S	E	P
I	Y	A	V	A	N	D	R	O	D	A	V	L	A	S	R	E	L	A
K	M	X	W	T	N	T	Y	Z	P	L	P	G	L	F	R	V	L	N
E	P	I	N	O	S	T	U	R	R	Q	R	T	C	I	A	O	O	E
A	R	T	A	P	O	I	C	A	L	O	S	N	O	C	M	C	P	T
B	G	F	I	G	U	E	R	A	R	S	A	N	T	U	E	R	I	Q
O	H	P	W	F	I	X	I	E	U	I	A	G	R	P	E	F	D	H
U	V	R	O	S	Q	X	A	T	D	U	L	O	V	J	X	D	D	E

5

Sehens-
würdigkeiten

ERMITA DE BETLEM
COVES DE CAMPANET
CASTELL DE SANTUERI
CASTELL DE CAPDEPERA
SANTUARI SANT SALVADOR
SANTUARI DE LA CONSOLACIO

CALA FIGUERA
SON MARROIG
SA CALOBRA
POLLENCA
SOLLER
ARTA

Lösung

D	N	S	G	T	H	G	Q	P	H	W	P	G	V	A	U	Q	Z	I
B	A	D	B	D	T	Q	C	Z	Q	H	Z	C	S	L	V	G	E	K
Q	R	U	Q	L	W	D	G	U	D	U	K	E	D	E	D	S	E	D
X	O	V	C	D	Y	R	P	P	Y	Y	Y	I	K	C	O	M	K	Y
O	J	X	W	H	P	W	Y	N	K	D	S	N	E	L	E	E	H	Y
H	S	A	N	T	U	A	R	I	E	Q	V	P	L	G	U	L	B	Z
P	P	V	G	P	D	Z	T	Y	L	V	H	E	E	V	D	T	V	L
M	Q	I	N	M	Q	U	O	S	L	J	R	R	F	F	U	E	Q	Q
J	P	H	J	D	P	A	O	C	E	S	O	Q	V	R	V	B	X	R
S	M	U	A	K	L	D	A	J	T	F	Z	C	A	S	T	E	L	L
G	R	J	H	A	C	P	J	B	S	G	Y	E	I	V	P	E	G	A
F	X	L	C	J	D	F	T	H	A	E	Z	Q	O	P	S	E	I	H
N	C	P	U	E	O	Z	R	S	C	H	I	J	P	N	Z	K	X	F
C	K	P	P	E	K	T	D	Y	I	L	M	A	W	N	D	Y	A	C
F	F	E	L	A	K	A	X	A	R	B	O	L	A	C	G	E	C	A
J	R	S	S	K	Z	W	X	T	F	G	O	J	A	B	I	S	N	M
A	R	Z	S	A	A	F	O	A	T	I	M	R	E	J	O	S	E	P
I	Y	A	V	A	N	D	R	O	D	A	V	L	A	S	R	E	L	A
K	M	X	W	T	N	T	Y	Z	P	L	P	G	L	F	R	V	L	N
E	P	I	N	O	S	T	U	R	R	Q	R	T	C	I	A	O	O	E
A	R	T	A	P	O	I	C	A	L	O	S	N	O	C	M	C	P	T
B	G	F	I	G	U	E	R	A	R	S	A	N	T	U	E	R	I	Q
O	H	P	W	F	I	X	I	E	U	I	A	G	R	P	E	F	D	H
U	V	R	O	S	Q	X	A	T	D	U	L	O	V	J	X	D	D	E

Y C R S N I D R A J A D E K N Y Q N G
O E X I N J M S Z O T J V M W Z A M M
U X A N D R A T X R I T R I N I T A T
P U I G L I X X R A M F D T R N Y U K
O C Z X G Z X S P L R V X N C Z X J S
Q Q C E U X V D A A E M G G M R V T A
X T N M H J R D E I L S D D O A S Y N
N P W N P O V S N N B M H R E S K A T
V N D T D L K E S N L A A B V S W N U
D I A A S Q D M D O Q Y F W P O I X A
S X R I G A D I J F F C B L O M F M R
D I D H D B O N A N Y J E K A E Z J I
M Y Z N M H X A F V C O A X P D R A G
I T A C E L X E V A B R Z D T L I G N
Q R T K R A M N R E U A B L U L V D X
X Q M T M Z R D D A E R S A M A P G Y
P S M G A R T E N S J F G H K V P M J
C I L S E S D T Y A O C O N A J O R D
T N U C Y J A F Q S G R A N J A R K E
C E S U T C A C I N A T O B L B T L L
K U E S V L E P U C W I O A G E D Z J
A F V D O D X Y V R E C E F V Q Y K I
P F D D M O Q B H Q L L E T S A C C R
J R E V X F M I K D D G E Q G L E S C

6

Sehens-
würdigkeiten

SANTUARI DE BONANY
JARDINS DE ALFABIA
BAUERNMARKT IN SINEU
MIRADOR DE SES ANIMES
ERMITA DE LA TRINITAT
GARTEN BOTANICACTUS

CASTELL DE ALARO
PORT DE ANDRATX
PUIG DE RANDA
VALLDEMOSSA
LA GRANJA
PALMA

Lösung

Y C R S N I D R A J A D E K N Y Q N G
O E X I N J M S Z O T J V M W Z A M M
U X A N D R A T X R I T R I N I T A T
P U I G L I X X R A M F D T R N Y U K
O C Z X G Z X S P L R V X N C Z X J S
Q Q C E U X V D A A E M G G M R V T A
X T N M H J R D E I L S D D O A S Y N
N P W N P O V S N N B M H R E S K A T
V N D T D L K E S N L A A B V S W N U
D I A A S Q D M D O Q Y F W P O I X A
S X R I G A D I J F F C B L O M F M R
D I D H D B O N A N Y J E K A E Z J I
M Y Z N M H X A F V C O A X P D R A G
I T A C E L X E V A B R Z D T L I G N
Q R T K R A M N R E U A B L U L V D X
X Q M T M Z R D D A E R S A M A P G Y
P S M G A R T E N S J F G H K V P M J
C I L S E S D T Y A O C O N A J O R D
T N U C Y J A F Q S G R A N J A R K E
C E S U T C A C I N A T O B L B T L L
K U E S V L E P U C W I O A G E D Z J
A F V D O D X Y V R E C E F V Q Y K I
P F D D M O Q B H Q L L E T S A C C R
J R E V X F M I K D D G E Q G L E S C

J S G L A S B O D E N B O O T W K G M
D G M B V U P A R G E T T O R G M B I
W N A O S I N O G K R R R E T O O C S
V A L Z U F T W S Q Q E D V P N Z N C
G G L O L F X Z E R E P P W L H O E C
U R O U W I F A U R U H D P J E R L J
L E R U G T T P A L B O B C I H G E C
F T C V W D O U L T A O T P E K T E R
S N A C F I U O B P O Q F A K B S C S
U U T T S E A Y B T Z U F S O N D C G
A N H O S O D R S U E M K O M N I V N
S E N U O D N T R H W I T E Y B E O U
T N I R Q B O A R S I T N U I K S E T
O N F Z Y U H E R Q E O R Z W H Z C H
O O L U R D R F A A R G A M O H N E C
B S E X N S E A T C M R E U Y P I A A
Q X D U C A V E A A R A F L Q V N T B
T F E H I M T H C D U O T S T P D L O
Y O E P V R O R Z J V C L A O O A Y E
K I O A P P O E E C X H P L K B E Y B
N Z U C O L N S R C F A E O A P E R K
G T V D L A M V U S C H W I M M E N N
F K G A L K L S O G U L F S U A O O V
E I M W L T U Y T S E G E L Y A C H T

7

Boots-
ausflüge

BOOT OHNE FUEHRERSCHEIN
FAEHRE MALLORCA MENORCA
JETBOOT TOUR SEA SCOOTER
BOOTSAUSFLUG BLAUE GROTTE
SONNENUNTERGANGS SEGELTOERN
BOOTSTOUR DELFIN BEOBACHTUNG

BOOTSAUSFLUG SCHWIMMEN
AUSFLUG GLASBODENBOOT
SEGELYACHT MIT SKIPPER
FAEHRE MALLORCA IBIZA
MALLORCA SEGEL TOUR
KATAMARAN TOUR

Lösung

J	S	G	L	A	S	B	O	D	E	N	B	O	O	T	W	K	G	M
D	G	M	B	V	U	P	A	R	G	E	T	T	O	R	G	M	B	I
W	N	A	O	S	I	N	O	G	K	R	R	R	E	T	O	O	C	S
V	A	L	Z	U	F	T	W	S	Q	Q	E	D	V	P	N	Z	N	C
G	G	L	O	L	F	X	Z	E	R	E	P	P	W	L	H	O	E	C
U	R	O	U	W	I	F	A	U	R	U	H	D	P	J	E	R	L	J
L	E	R	U	G	T	T	P	A	L	B	O	B	C	I	H	G	E	C
F	T	C	V	W	D	O	U	L	T	A	O	T	P	E	K	T	E	R
S	N	A	C	F	I	U	O	B	P	O	Q	F	A	K	B	S	C	S
U	U	T	T	S	E	A	Y	B	T	Z	U	F	S	O	N	D	C	G
A	N	H	O	S	O	D	R	S	U	E	M	K	O	M	N	I	V	N
S	E	N	U	O	D	N	T	R	H	W	I	T	E	Y	B	E	O	U
T	N	I	R	Q	B	O	A	R	S	I	T	N	U	I	K	S	E	T
O	N	F	Z	Y	U	H	E	R	Q	E	O	R	Z	W	H	Z	C	H
O	O	L	U	R	D	R	F	A	A	R	G	A	M	O	H	N	E	C
B	S	E	X	N	S	E	A	T	C	M	R	E	U	Y	P	I	A	A
Q	X	D	U	C	A	V	E	A	A	R	A	F	L	Q	V	N	T	B
T	F	E	H	I	M	T	H	C	D	U	O	T	S	T	P	D	L	O
Y	O	E	P	V	R	O	R	Z	J	V	C	L	A	O	O	A	Y	E
K	I	O	A	P	P	O	E	E	C	X	H	P	L	K	B	E	Y	B
N	Z	U	C	O	L	N	S	R	C	F	A	E	O	A	P	E	R	K
G	T	V	D	L	A	M	V	U	S	C	H	W	I	M	M	E	N	N
F	K	G	A	L	K	L	S	O	G	U	L	F	S	U	A	O	O	V
E	I	M	W	L	T	U	Y	T	S	E	G	E	L	Y	A	C	H	T

R P O V B T W A Z S A P Q O O S S W B
G J R U X U U L Q P C A S P N U Z P
D V Z H A S L D G A H D X L E R T F N
B C V M R X E F U N E D U M G F D G E
I I H I S Z L S X S J L I G E E N J M
M X T F E Y F I H Z C E L I I N A X M
G T X H B L E J N E R H A F L N T E I
E T I O U M P B N F E D N C F W S R W
L F A G L E U K G E O V P O M A K U H
K R M S E E I Y T W M R S Z R S F O C
D T E E S R Q K M K J I G G I C R T S
C B E T N E I S S R A Y T Y H X H L N
T Q R Q I S E Z L T U Y B L C Y G E E
P Z E F N H W U W B E O A A S Y E H L
O N S M E O A U P E H J T K T D F C H
E F G Q H E S G C V Z T B K I J U R E
S U R O C H S M F K I S N V E M E O O
U H O P A L E E P R X X P U L S H N H
E V T I R E R H J H T F E Y G D R H E
I W T B D N S D W C Y R Y L J J T C O
J D E P H I P P Q Y T E D E P O E S I
X X H E B Y O P R A B V Q E S O T R W
J C M A E R R D C O E R U O T X S V H
J H Z Q O X T R D V U K O L Y Z P G Z

Sportliche Aktivitäten

8

FLYBOARD WASSERSPORT
SCHNORCHEL AUSFLUG
STAND UP PADDLE TOUR
GLEITSCHIRMFLIEGEN
KAYAK TOUR MEERESHOEHLEN
GEFUEHRTE AUSRITTE
SCHNORCHELTOUR DRACHENINSEL
JETSKI FAHREN
HOEHLENSCHWIMMEN MEERESGROTTE
SURFEN

Lösung

R P O V B T W A Z S A P Q O O S S W B
G J R U X U U L Q P C A S P N U Z P
D V Z H A S L D G A H D X L E R T F N
B C V M R X E F U N E D U M G F D G E
I I H I S Z L S X S J L I G E E N J M
M X T F E Y F I H Z C E L I I N A X M
G T X H B L E J N E R H A F L N T E I
E T I O U M P B N F E D N C F W S R W
L F A G L E U K G E O V P O M A K U H
K R M S E E I Y T W M R S Z R S F O C
D T E E S R Q K M K J I G G I C R T S
C B E T N E I S S R A Y T Y H X H L N
T Q R Q I S E Z L T U Y B L C Y G E E
P Z E F N H W U W B E O A A S Y E H L
O N S M E O A U P E H J T K T D F C H
E F G Q H E S G C V Z T B K I J U R E
S U R O C H S M F K I S N V E M E O O
U H O P A L E E P R X X P U L S H N H
E V T I R E R H J H T F E Y G D R H E
I W T B D N S D W C Y R Y L J J T C O
J D E P H I P P Q Y T E D E P O E S I
X X H E B Y O P R A B V Q E S O T R W
J C M A E R R D C O E R U O T X S V H
J H Z Q O X T R D V U K O L Y Z P G Z

Z U A M C Q Z O N R X Y L D Y O N V T
K M R N D W Z W Z G R J M Q G N G R N
W P D N A L E N I R A M H N O R N M C
D Q A H X L H U L C U V I R X A I D S
V K U L H G P E L X X K D L R D K P A
B R R A M Q N V C K K I C E H F L M A
B V A A Q A Q U C E C X N T Q X A Z I
Y I I B P U D Q R Y K A W O X H W Y D
M I C A E O A T W E L R Q U Z W K R U
D U N M D N R R U A D M A R W O V X C
H W V A U G T D I B T N A P H D Q U L
Y B Y R Z K A E I U G E A L G Z E P A
O N E O L P M L U H M X R W L Z C O D
G R P N A T S J N E Z Z Y S W O Z F Z
R E H A Z L A Z I R R E I Q I D R H M
T R O P F S T E I N H O E H L E N C X
W O G D Z P P J N L X L M C G P N Q A
C M S V K Z Y M Q A M F G R V R O P B
X T T G D E M P E G K M E R T X T H Z
M A G A L U F M S M F C F Q U V V O L
T A C Y Y D Y P J B K I K V T O X V P
T H C U L H C S S E I D A R A P T E R
X G Y M C K Z T W A N D E R T O U R N
P W F M P N R U T A N A Q U A L A N D

Sportliche Aktivitäten / Freizeitparks

9

NORDIC WALKING TOUR
MARINELAND MALLORCA
PANORAMA WANDERUNG
WATER PARK MAGALUF
TROPFSTEINHOEHLEN TOUR
HIDROPARK ALCUDIA
ABENTEUER TREKKING NATUR
AQUALAND ARENAL
WANDERTOUR PARADIESSCHLUCHT
PALMA AQUARIUM

Lösung

Z U A M C Q Z O N R X Y L D Y O N V T
K M R N D W Z W Z G R J M Q G N G R N
W P D N A L E N I R A M H N O R N M C
D Q A H X L H U L C U V I R X A I D S
V K U L H G P E L X X K D L R D K P A
B R R A M Q N V C K K I C E H F L M A
B V A A Q A Q U C E C X N T Q X A Z I
Y I I B P U D Q R Y K A W O X H W Y D
M I C A E O A T W E L R Q U Z W K R U
D U N M D N R R U A D M A R W O V X C
H W V A U G T D I B T N A P H D Q U L
Y B Y R Z K A E I U G E A L G Z E P A
O N E O L P M L U H M X R W L Z C O D
G R P N A T S J N E Z Z Y S W O Z F Z
R E H A Z L A Z I R R E I Q I D R H M
T R O P F S T E I N H O E H L E N C X
W O G D Z P P J N L X L M C G P N Q A
C M S V K Z Y M Q A M F G R V R O P B
X T T G D E M P E G K M E R T X T H Z
M A G A L U F M S M F C F Q U V V O L
T A C Y Y D Y P J B K I K V T O X V P
T H C U L H C S S E I D A R A P T E R
X G Y M C K Z T W A N D E R T O U R N
P W F M P N R U T A N A Q U A L A N D

K C L G M C A E E R O F A C Z I L G N
V H R E N N I D S Q G B M B U P L Y Y
H D X R S J L U S I E C L U B T R F B
E T B O O Z E L X N U D J B S B I F J
Z X P X S H P C D H L R E R O E T R D
E X T E L D E L H L K U C O C K G V P
N K E L W Y I W E J Q G T N U D P E T
Y O D Q G C T S K K H S A L C W Z W K
P V Q S H V T R V J T D T J R S C S F
C K K E Q C N Y A O N B P M L K M K W
B D C A F E G E U P I A E B T B Q A N
V M W H S I W R M S W G K Z L C S T I
P A W L M W O Y T A A X Y D S E B Z G
Q K N Q X K C R E P G Q C L P R M E H
K E E W A U O L A K H A U J I Z Z N T
B H G O M T Z R Y N T A L Y P T P B N
G T R C K A K Z P U P F Z U H L Z E O
C O E B A L L E R M A N N X F S B R C
M C U A W X P L J E C U U O X W J G V
D S J D Y D J N U B C M X Z D E T E L
O I R D U S W I Q T E N A L P R O R F
Z D R E I V P Y G M A L I O N D U K S
E Z S S A P M P D T O U R G O L R R Z
W F K K V F Y H F U U U G D G D V J U

10

Nachtleben

DISCOTHEK PYGMALION
MAGALUF CLUB PASS
BOOZE CRUISE PARTY TOUR
CAFE KATZENBERGER
KULTBISTRO JUERGEN DREWS
BCM PLANET DANCE
ABENDLICHE BOOTSTOUR DINNER
NIGHT TOUR MEGAPARK BALLERMANN

Lösung

K	C	L	G	M	C	A	E	E	R	O	F	A	C	Z	I	L	G	N
V	H	R	E	N	N	I	D	S	Q	G	B	M	B	U	P	L	Y	Y
H	D	X	R	S	J	L	U	S	I	E	C	L	U	B	T	R	F	B
E	T	B	O	O	Z	E	L	X	N	U	D	J	B	S	B	I	F	J
Z	X	P	X	S	H	P	C	D	H	L	R	E	R	O	E	T	R	D
E	X	T	E	L	D	E	L	H	L	K	U	C	O	C	K	G	V	P
N	K	E	L	W	Y	I	W	E	J	Q	G	T	N	U	D	P	E	T
Y	O	D	Q	G	C	T	S	K	K	H	S	A	L	C	W	Z	W	K
P	V	Q	S	H	V	T	R	V	J	T	D	T	J	R	S	C	S	F
C	K	K	E	Q	C	N	Y	A	O	N	B	P	M	L	K	M	K	W
B	D	C	A	F	E	G	E	U	P	I	A	E	B	T	B	Q	A	N
V	M	W	H	S	I	W	R	M	S	W	G	K	Z	L	C	S	T	I
P	A	W	L	M	W	O	Y	T	A	A	X	Y	D	S	E	B	Z	G
Q	K	N	Q	X	K	C	R	E	P	G	Q	C	L	P	R	M	E	H
K	E	E	W	A	U	O	L	A	K	H	A	U	J	I	Z	Z	N	T
B	H	G	O	M	T	Z	R	Y	N	T	A	L	Y	P	T	P	B	N
G	T	R	C	K	A	K	Z	P	U	P	F	Z	U	H	L	Z	E	O
C	O	E	B	A	L	L	E	R	M	A	N	N	X	F	S	B	R	C
M	C	U	A	W	X	P	L	J	E	C	U	U	O	X	W	J	G	V
D	S	J	D	Y	D	J	N	U	B	C	M	X	Z	D	E	T	E	L
O	I	R	D	U	S	W	I	Q	T	E	N	A	L	P	R	O	R	F
Z	D	R	E	I	V	P	Y	G	M	A	L	I	O	N	D	U	K	S
E	Z	S	S	A	P	M	P	D	T	O	U	R	G	O	L	R	R	Z
W	F	K	K	V	F	Y	H	F	U	U	U	G	D	G	D	V	J	U

L	A	V	W	C	O	H	J	D	Q	H	L	B	L	E	M	D	U	C
T	F	O	Z	P	B	N	E	E	P	A	Q	F	Y	U	O	H	E	I
S	E	O	N	I	A	A	I	E	N	R	G	Z	S	T	Y	U	K	D
Q	R	C	E	X	Z	R	X	P	G	D	U	E	K	R	F	B	K	D
B	L	Q	D	N	S	F	K	E	G	M	U	X	A	H	N	S	K	R
B	A	E	L	L	E	H	J	U	N	M	X	R	T	A	S	C	H	A
E	K	I	R	T	Q	U	F	X	A	W	N	J	M	F	R	H	A	O
H	Q	Y	I	P	L	T	M	K	R	A	P	L	A	N	O	R	L	B
N	V	P	X	M	L	U	P	E	I	L	M	J	N	O	A	A	C	E
N	N	A	D	A	L	O	O	V	C	S	B	N	D	L	D	U	U	K
C	N	H	U	B	S	R	Y	K	C	L	N	A	U	L	S	B	D	A
E	V	U	L	E	A	Q	J	E	A	W	L	V	Z	A	T	E	I	W
E	R	F	A	R	P	Q	U	A	M	L	V	A	S	B	E	R	A	H
E	T	U	B	E	A	I	S	W	A	C	P	F	B	V	R	Z	A	C
L	N	M	Y	S	R	U	O	H	W	D	T	G	Z	T	S	W	E	Y
B	K	V	R	E	U	J	C	R	U	Y	V	S	C	T	N	U	K	D
B	U	E	I	R	N	O	C	Z	G	L	N	E	P	Z	X	I	K	J
U	N	R	N	V	D	G	E	E	H	Q	K	Q	N	A	M	V	A	B
B	B	E	T	A	F	I	R	A	Z	N	G	U	E	T	S	Q	Y	P
Q	E	R	H	K	L	W	B	U	Z	A	Q	M	D	I	U	S	V	W
O	S	K	N	M	U	C	A	H	V	Q	Q	V	I	W	D	R	F	I
Z	Q	J	U	J	G	F	T	Q	U	U	Y	W	R	D	Y	Q	E	T
C	R	E	S	T	A	T	X	Q	K	T	M	N	T	J	S	G	U	A
W	E	F	A	R	H	O	F	X	Q	Z	T	J	R	U	O	T	Y	N

11

Freizeit-aktivitäten

PAINTBALL CRESTATX
ROADSTER TRIKE TOUR
HUBSCHRAUBER RUNDFLUG
BUBBLE SOCCER ZORB BAELLE
LA RESERVA ADVENTURE PARK
RAFA NADAL MUSEUM
LABYRINTH ALCUDIA
WAKEBOARD SPASS
KATMANDU PARK
BALLONFAHRT

Lösung

L	A	V	W	C	O	H	J	D	Q	H	L	B	L	E	M	D	U	C
T	F	O	Z	P	B	N	E	E	P	A	Q	F	Y	U	O	H	E	I
S	E	O	N	I	A	A	I	E	N	R	G	Z	S	T	Y	U	K	D
Q	R	C	E	X	Z	R	X	P	G	D	U	E	K	R	F	B	K	D
B	L	Q	D	N	S	F	K	E	G	M	U	X	A	H	N	S	K	R
B	A	E	L	L	E	H	J	U	N	M	X	R	T	A	S	C	H	A
E	K	I	R	T	Q	U	F	X	A	W	N	J	M	F	R	H	A	O
H	Q	Y	I	P	L	T	M	K	R	A	P	L	A	N	O	R	L	B
N	V	P	X	M	L	U	P	E	I	L	M	J	N	O	A	A	C	E
N	N	A	D	A	L	O	O	V	C	S	B	N	D	L	D	U	U	K
C	N	H	U	B	S	R	Y	K	C	L	N	A	U	L	S	B	D	A
E	V	U	L	E	A	Q	J	E	A	W	L	V	Z	A	T	E	I	W
E	R	F	A	R	P	Q	U	A	M	L	V	A	S	B	E	R	A	H
E	T	U	B	E	A	I	S	W	A	C	P	F	B	V	R	Z	A	C
L	N	M	Y	S	R	U	O	H	W	D	T	G	Z	T	S	W	E	Y
B	K	V	R	E	U	J	C	R	U	Y	V	S	C	T	N	U	K	D
B	U	E	I	R	N	O	C	Z	G	L	N	E	P	Z	X	I	K	J
U	N	R	N	V	D	G	E	E	H	Q	K	Q	N	A	M	V	A	B
B	B	E	T	A	F	I	R	A	Z	N	G	U	E	T	S	Q	Y	P
Q	E	R	H	K	L	W	B	U	Z	A	Q	M	D	I	U	S	V	W
O	S	K	N	M	U	C	A	H	V	Q	Q	V	I	W	D	R	F	I
Z	Q	J	U	J	G	F	T	Q	U	U	Y	W	R	D	Y	Q	E	T
C	R	E	S	T	A	T	X	Q	K	T	M	N	T	J	S	G	U	A
W	E	F	A	R	H	O	F	X	Q	Z	T	J	R	U	O	T	Y	N

N	J	F	T	L	T	Z	B	A	M	L	A	P	K	D	O	P	P	J
S	T	O	U	R	T	Y	K	T	N	A	G	R	W	G	I	B	T	F
G	J	U	G	Y	P	O	H	W	D	L	C	F	E	R	L	P	H	B
O	P	R	I	C	L	J	U	P	F	S	E	F	A	C	F	E	D	Q
O	N	L	P	V	T	I	U	L	F	S	U	T	E	V	C	F	F	L
W	R	V	D	J	W	A	M	Y	O	E	E	G	J	B	N	A	K	P
L	O	U	Z	O	X	Y	T	A	H	N	E	J	M	Q	G	V	F	N
N	U	L	O	B	L	H	A	R	F	U	S	E	K	M	P	E	C	M
Q	X	T	F	T	P	D	T	W	L	J	V	I	T	L	H	K	N	L
W	R	Q	Q	P	D	E	T	F	G	V	W	K	E	L	Z	Q	L	U
T	N	U	C	T	L	A	S	I	T	E	R	T	T	S	L	B	K	X
R	K	I	O	K	O	U	R	W	M	A	S	O	G	C	O	Y	I	U
U	U	R	I	T	A	U	E	R	M	E	A	U	G	O	T	M	Z	A
P	O	R	C	A	T	I	R	N	H	L	R	R	M	H	P	O	A	D
O	Z	I	Q	Y	N	D	E	E	L	A	P	H	I	Z	B	M	K	T
H	T	T	A	V	N	H	Y	E	N	A	F	A	N	C	W	K	O	V
Y	Q	G	C	O	C	B	A	P	C	Z	B	L	C	S	Z	L	D	Y
Y	K	C	N	O	S	P	T	E	C	K	R	R	A	W	U	G	N	S
J	X	N	W	X	I	C	B	J	D	I	F	D	F	D	E	B	T	V
P	R	X	B	Z	L	A	P	D	X	I	P	X	O	W	I	O	I	W
W	M	F	W	H	Y	C	U	G	N	O	S	R	O	C	W	N	T	J
S	R	U	K	H	C	O	K	C	S	L	O	Z	D	L	O	F	P	R
T	A	S	T	I	N	G	A	Q	E	X	D	V	R	Z	J	I	I	L
T	G	Y	E	P	X	H	C	U	S	E	B	T	K	R	A	M	V	R

12

Freizeit-
aktivitäten

PIRATEN FAMILY TOUR
OLDTIMER AUSFLUEGE
INCA WOCHENMARKT
VIP FINCA WEIN TOUR
GEFUEHRTE FAHRRADTOUR
PAELLA KOCHKURS
BUS CITY HOP ON HOP OFF
SEGWAY TOUREN
FOOD TASTING MARKTBESUCH
PALMA TOUR

Lösung

N J F T L T Z B A M L A P K D O P P J
S T O U R T Y K T N A G R W G I B T F
G J U G Y P O H W D L C F E R L P H B
O P R I C L J U P F S E F A C F E D Q
O N L P V T I U L F S U T E V C F F L
W R V D J W A M Y O E E G J B N A K P
L O U Z O X Y T A H N E J M Q G V F N
N U L O B L H A R F U S E K M P E C M
Q X T F T P D T W L J V I T L H K N L
W R Q Q P D E T F G V W K E L Z Q L U
T N U C T L A S I T E R T T S L B K X
R K I O K O U R W M A S O G C O Y I U
U U R I T A U E R M E A U G O T M Z A
P O R C A T I R N H L R R M H P O A D
O Z I Q Y N D E E L A P H I Z B M K T
H T T A V N H Y E N A F A N C W K O V
Y Q G C O C B A P C Z B L C S Z L D Y
Y K C N O S P T E C K R R A W U G N S
J X N W X I C B J D I F D F D E B T V
P R X B Z L A P D X I P X O W I O I W
W M F W H Y C U G N O S R O C W N T J
S R U K H C O K C S L O Z D L O F P R
T A S T I N G A Q E X D V R Z J I I L
T G Y E P X H C U S E B T K R A M V R

P	C	F	B	T	V	T	N	W	M	X	T	N	R	S	Q	S	C	F
T	A	A	G	O	T	L	Y	O	A	Y	P	B	W	K	S	C	R	J
O	O	E	T	R	H	E	U	F	E	G	C	Z	Z	U	I	T	N	A
V	M	U	Y	U	J	V	O	W	X	S	T	D	N	T	D	P	L	D
E	T	G	R	K	L	E	T	T	E	R	V	S	Y	F	I	Q	O	S
M	T	O	H	P	H	I	Z	S	Q	Q	E	V	N	L	S	V	A	T
F	V	K	B	B	A	F	L	K	T	T	O	O	F	R	C	L	L	S
X	P	X	R	N	G	R	L	Y	P	I	Q	C	G	A	V	A	M	G
P	Z	I	D	A	E	C	A	H	L	D	T	P	L	A	S	R	O	N
N	B	N	L	I	M	G	H	S	D	G	R	A	D	M	S	N	O	I
L	R	K	D	A	H	N	N	A	A	Z	K	O	P	N	I	H	R	N
X	Q	D	J	F	D	M	E	I	L	I	R	Y	E	T	C	U	B	O
M	B	P	Z	B	S	P	R	H	R	L	L	X	E	O	G	E	S	Y
A	T	B	V	J	G	B	D	M	C	P	E	I	J	U	I	S	A	N
I	Y	X	U	X	S	T	O	R	I	O	S	N	N	R	X	C	C	A
D	R	B	V	P	E	R	V	V	A	V	W	N	G	G	S	A	W	C
U	B	J	D	I	B	C	K	Y	C	B	I	T	E	E	D	P	C	E
C	T	O	U	R	X	P	Z	R	A	Y	E	B	I	P	U	E	F	L
L	Q	U	A	D	R	G	T	P	F	I	I	N	Z	X	P	N	L	G
A	R	U	R	A	T	J	A	D	A	X	F	R	T	L	C	I	L	D
P	Z	N	D	Y	E	L	R	A	H	E	X	S	J	E	F	X	L	D
U	A	U	S	S	T	E	L	L	U	N	G	S	R	T	U	J	P	K
X	M	C	D	B	P	X	A	U	Z	L	A	K	I	P	Q	E	A	L
X	A	N	S	B	X	A	F	K	K	V	J	S	C	A	R	T	R	G

13

Freizeit-
aktivitäten

GEFUEHRTE HARLEY TOUR
QUAD TOUR ALCUDIA
VIP SUNSET PARASAILING
KLETTER ABENTEUER
SALVADOR DALI AUSSTELLUNG
KLIPPENSPRINGEN
WOCHENMARKT CALA RATJADA
CANYONING
CITY ROOM ESCAPE CHALLENGE
JEEP TOUR

Lösung

P	C	F	B	T	V	T	N	W	M	X	T	N	R	S	Q	S	C	F
T	A	A	G	O	T	L	Y	O	A	Y	P	B	W	K	S	C	R	J
O	O	E	T	R	H	E	U	F	E	G	C	Z	Z	U	I	T	N	A
V	M	U	Y	U	J	V	O	W	X	S	T	D	N	T	D	P	L	D
E	T	G	R	K	L	E	T	T	E	R	V	S	Y	F	I	Q	O	S
M	T	O	H	P	H	I	Z	S	Q	Q	E	V	N	L	S	V	A	T
F	V	K	B	B	A	F	L	K	T	T	O	O	F	R	C	L	L	S
X	P	X	R	N	G	R	L	Y	P	I	Q	C	G	A	V	A	M	G
P	Z	I	D	A	E	C	A	H	L	D	T	P	L	A	S	R	O	N
N	B	N	L	I	M	G	H	S	D	G	R	A	D	M	S	N	O	I
L	R	K	D	A	H	N	N	A	A	Z	K	O	P	N	I	H	R	N
X	Q	D	J	F	D	M	E	I	L	I	R	Y	E	T	C	U	B	O
M	B	P	Z	B	S	P	R	H	R	L	L	X	E	O	G	E	S	Y
A	T	B	V	J	G	B	D	M	C	P	E	I	J	U	I	S	A	N
I	Y	X	U	X	S	T	O	R	I	O	S	N	N	R	X	C	C	A
D	R	B	V	P	E	R	V	V	A	V	W	N	G	G	S	A	W	C
U	B	J	D	I	B	C	K	Y	C	B	I	T	E	E	D	P	C	E
C	T	O	U	R	X	P	Z	R	A	Y	E	B	I	P	U	E	F	L
L	Q	U	A	D	R	G	T	P	F	I	I	N	Z	X	P	N	L	G
A	R	U	R	A	T	J	A	D	A	X	F	R	T	L	C	I	L	D
P	Z	N	D	Y	E	L	R	A	H	E	X	S	J	E	F	X	L	D
U	A	U	S	S	T	E	L	L	U	N	G	S	R	T	U	J	P	K
X	M	C	D	B	P	X	A	U	Z	L	A	K	I	P	Q	E	A	L
X	A	N	S	B	X	A	F	K	K	V	J	S	C	A	R	T	R	G

M D Y Z H R R S X O R B U A W N K E O
D T V E G K W J S H P U N Y H G X S W
H T G A P F Q A Z E Z R Q X D U F T N
I I F E L H Z C H P N V Q H Z B C A V
Z Q I T P L W K S T M C G O O B A A Z
R U V D T D C V N J D Z E R V I C A T
V L N D P S E X A W C H T L F D X F N
P Z I T Y I W A Y L D U J N L B R G E
M E E F U X I N D Z L Y L U V E M F Y
C E H P V Y M U C I A D S N G H S U N
S N L T D V U A Z I L X E I L Y D Q U
L D B A M O T T J H U A A M N R U L P
H T W F S M O U S W F F G S O E Y H G
E W V U R S M E C T Q S K R D S U S I
N I U C N O I Y U D M E Z A A W S E U
W X F L O J J N J F N T Q O Z M Y A P
A T N A S V K E I V F A Z K T H C Q H
L D F E Q F N D B B I R I U T N O M D
C K J M Q V R B O E Z B W S M B S P H
J W B A D E F Q H H C L A P A Y E K C
J T C A M P A N E T L P X G N I E F Y
A S N E S W V X K A A M M I C H C A N
R D W G J D O F W I O K F Q O B P K U
Q V Q N O Q B X T A R D N A R I R L E

14

Orte

BINISSALEM
VALLDEMOSSA
PUIGPUNYENT
SANTA MARGALIDA
MANCOR DE LA VALL
SENCELLES
CAMPANET
MONTUIRI
ANDRATX
SINEU

Lösung

M	D	Y	Z	H	R	R	S	X	O	R	B	U	A	W	N	K	E	O
D	T	V	E	G	K	W	J	S	H	P	U	N	Y	H	G	X	S	W
H	T	G	A	P	F	Q	A	Z	E	Z	R	Q	X	D	U	F	T	N
I	I	F	E	L	H	Z	C	H	P	N	V	Q	H	Z	B	C	A	V
Z	Q	I	T	P	L	W	K	S	T	M	C	G	O	O	B	A	A	Z
R	U	V	D	T	D	C	V	N	J	D	Z	E	R	V	I	C	A	T
V	L	N	D	P	S	E	X	A	W	C	H	T	L	F	D	X	F	N
P	Z	I	T	Y	I	W	A	Y	L	D	U	J	N	L	B	R	G	E
M	E	E	F	U	X	I	N	D	Z	L	Y	L	U	V	E	M	F	Y
C	E	H	P	V	Y	M	U	C	I	A	D	S	N	G	H	S	U	N
S	N	L	T	D	V	U	A	Z	I	L	X	E	I	L	Y	D	Q	U
L	D	B	A	M	O	T	T	J	H	U	A	A	M	N	R	U	L	P
H	T	W	F	S	M	O	U	S	W	F	F	G	S	O	E	Y	H	G
E	W	V	U	R	S	M	E	C	T	Q	S	K	R	D	S	U	S	I
N	I	U	C	N	O	I	Y	U	D	M	E	Z	A	A	W	S	E	U
W	X	F	L	O	J	J	N	J	F	N	T	Q	O	Z	M	Y	A	P
A	T	N	A	S	V	K	E	I	V	F	A	Z	K	T	H	C	Q	H
L	D	F	E	Q	F	N	D	B	B	I	R	I	U	T	N	O	M	D
C	K	J	M	Q	V	R	B	O	E	Z	B	W	S	M	B	S	P	H
J	W	B	A	D	E	F	Q	H	H	C	L	A	P	A	Y	E	K	C
J	T	C	A	M	P	A	N	E	T	L	P	X	G	N	I	E	F	Y
A	S	N	E	S	W	V	X	K	A	A	M	M	I	C	H	C	A	N
R	D	W	G	J	D	O	F	W	I	O	K	F	Q	O	B	P	K	U
Q	V	Q	N	O	Q	B	X	T	A	R	D	N	A	R	I	R	L	E

D V B Y Y T P H F E T S J V Y Y H O M
G S R A E M A E A O F O Q Y E R C D S
M O Z C N H A N Y Q Z U I D S D W N G
F P R B J Y Q N J U W G V T F E E W W
W M D P R L A T A N S Y H E C U S O D
F A R K Z U M L M C Q A S G S S H N X
E C E H U X U S B C O T L F H I W W W
L J O W I Y V J H U E R Y I N A P G C
A G N G W F M N V L F F N Q N J B Q J
N Z Q A T D A R L I D A W U B E I D Z
I K G N K W O E O D S H R U K Y S V N
T R G H J H N Y Q K V T S R I W L E S
X D R N H C L M I U W T A M N J N I E
Y X T W S S V Y E X K W S L I M U Z Y
E X H R K S O U I F G E O X E Z Y K X
T X T U L A N R O F L B P I C G X W G
N H E O D K O C V V R Z J N U J R R L
O L Y A Y A K X A L S W Z B L F O E C
E Q X E O O I C R M W P W A Q J P S X
S N R K F T W Q M C O H N P U K U V E
O O L W S Z W X S F Q V Q V U J M A P
U H J O G W G I P L D V V C C A T X E
F K C S N Y V R K T L L O R E T F V L
R D X S O H P F I Z Y R S T E C W T V

15

Orte

FORNALUTX
ESTELLENCS
SES SALINES
BANYALBUFAR
LLORET DE VISTALEGRE

FELANITX
MANACOR
CAMPOS
COSTIX
SELVA

Lösung

D	V	B	Y	Y	T	P	H	F	E	T	S	J	V	Y	Y	H	O	M
G	S	R	A	E	M	A	E	A	O	F	O	Q	Y	E	R	C	D	S
M	O	Z	C	N	H	A	N	Y	Q	Z	U	I	D	S	D	W	N	G
F	P	R	B	J	Y	Q	N	J	U	W	G	V	T	F	E	E	W	W
W	M	D	P	R	L	A	T	A	N	S	Y	H	E	C	U	S	O	D
F	A	R	K	Z	U	M	L	M	C	Q	A	S	G	S	S	H	N	X
E	C	E	H	U	X	U	S	B	C	O	T	L	F	H	I	W	W	W
L	J	O	W	I	Y	V	J	H	U	E	R	Y	I	N	A	P	G	C
A	G	N	G	W	F	M	N	V	L	F	F	N	Q	N	J	B	Q	J
N	Z	Q	A	T	D	A	R	L	I	D	A	W	U	B	E	I	D	Z
I	K	G	N	K	W	O	E	O	D	S	H	R	U	K	Y	S	V	N
T	R	G	H	J	H	N	Y	Q	K	V	T	S	R	I	W	L	E	S
X	D	R	N	H	C	L	M	I	U	W	T	A	M	N	J	N	I	E
Y	X	T	W	S	S	V	Y	E	X	K	W	S	L	I	M	U	Z	Y
E	X	H	R	K	S	O	U	I	F	G	E	O	X	E	Z	Y	K	X
T	X	T	U	L	A	N	R	O	F	L	B	P	I	C	G	X	W	G
N	H	E	O	D	K	O	C	V	V	R	Z	J	N	U	J	R	R	L
O	L	Y	A	Y	A	K	X	A	L	S	W	Z	B	L	F	O	E	C
E	Q	X	E	O	O	I	C	R	M	W	P	W	A	Q	J	P	S	X
S	N	R	K	F	T	W	Q	M	C	O	H	N	P	U	K	U	V	E
O	O	L	W	S	Z	W	X	S	F	Q	V	Q	V	U	J	M	A	P
U	H	J	O	G	W	G	I	P	L	D	V	V	C	C	A	T	X	E
F	K	C	S	N	Y	V	R	K	T	L	L	O	R	E	T	F	V	L
R	D	X	S	O	H	P	F	I	Z	Y	R	S	T	E	C	W	T	V

L	E	X	K	F	K	H	J	C	C	P	A	L	D	Y	S	X	N	R
J	Z	I	A	L	C	U	D	I	A	A	M	H	F	C	T	F	M	T
Z	U	O	K	P	I	F	U	U	J	Y	R	I	O	T	W	R	L	O
V	Z	D	A	P	U	I	T	S	Z	R	N	J	A	L	Y	U	Z	A
I	Y	O	N	B	J	A	V	I	L	A	F	R	A	N	C	A	T	Q
E	C	T	K	R	C	D	C	H	H	I	W	Y	T	F	Z	E	U	C
N	T	Z	S	D	B	N	F	G	I	E	O	J	K	R	S	R	I	W
B	Y	R	C	I	D	I	U	P	O	B	O	O	W	O	T	H	R	L
I	E	T	O	Y	K	N	V	O	A	E	B	J	L	E	F	M	N	T
G	L	Y	Z	N	A	O	O	R	D	C	A	L	Y	S	X	B	I	E
H	B	Z	S	A	I	T	R	R	A	T	W	J	Y	C	U	U	N	R
V	D	V	O	T	T	G	A	E	X	F	Y	O	G	O	G	G	O	R
J	U	F	X	N	C	E	L	R	M	P	L	Q	M	R	U	E	U	X
B	G	F	I	A	D	V	A	E	K	Q	A	W	M	C	F	R	R	D
O	F	F	S	S	E	D	W	S	H	G	S	X	V	A	A	J	U	Y
N	S	V	H	A	A	I	P	B	K	H	M	W	E	M	R	K	L	L
A	F	R	G	D	T	Y	X	R	G	L	B	K	T	T	Z	W	Z	G
N	V	Q	N	I	G	A	N	U	F	R	L	U	F	H	Z	K	L	G
Y	B	K	S	A	S	N	M	N	A	L	C	L	S	T	G	B	P	N
T	J	S	S	G	U	B	J	L	Z	Y	K	N	H	W	P	J	I	W
C	K	S	W	L	W	M	R	H	A	F	K	U	V	B	U	Y	Z	A
S	N	G	O	A	H	Z	C	H	F	P	D	P	A	W	V	N	F	E
M	H	P	D	S	D	G	Y	D	O	O	D	G	N	A	Q	D	I	Q
P	K	W	H	P	Y	Q	L	B	O	F	D	W	B	I	P	A	C	W

16

Orte

ALGAIDA
ALCUDIA
LLOSETA
ESCORCA
SANTANYI
ALARO
PORRERES
PALMA
VILAFRANCA DE BONANY
BUGER

Lösung

L	E	X	K	F	K	H	J	C	C	P	A	L	D	Y	S	X	N	R
J	Z	I	A	L	C	U	D	I	A	A	M	H	F	C	T	F	M	T
Z	U	O	K	P	I	F	U	U	J	Y	R	I	O	T	W	R	L	O
V	Z	D	A	P	U	I	T	S	Z	R	N	J	A	L	Y	U	Z	A
I	Y	O	N	B	J	A	V	I	L	A	F	R	A	N	C	A	T	Q
E	C	T	K	R	C	D	C	H	H	I	W	Y	T	F	Z	E	U	C
N	T	Z	S	D	B	N	F	G	I	E	O	J	K	R	S	R	I	W
B	Y	R	C	I	D	I	U	P	O	B	O	O	W	O	T	H	R	L
I	E	T	O	Y	K	N	V	O	A	E	B	J	L	E	F	M	N	T
G	L	Y	Z	N	A	O	O	R	D	C	A	L	Y	S	X	B	I	E
H	B	Z	S	A	I	T	R	R	A	T	W	J	Y	C	U	U	N	R
V	D	V	O	T	T	G	A	E	X	F	Y	O	G	O	G	G	O	R
J	U	F	X	N	C	E	L	R	M	P	L	Q	M	R	U	E	U	X
B	G	F	I	A	D	V	A	E	K	Q	A	W	M	C	F	R	R	D
O	F	F	S	S	E	D	W	S	H	G	S	X	V	A	A	J	U	Y
N	S	V	H	A	A	I	P	B	K	H	M	W	E	M	R	K	L	L
A	F	R	G	D	T	Y	X	R	G	L	B	K	T	T	Z	W	Z	G
N	V	Q	N	I	G	A	N	U	F	R	L	U	F	H	Z	K	L	G
Y	B	K	S	A	S	N	M	N	A	L	C	L	S	T	G	B	P	N
T	J	S	S	G	U	B	J	L	Z	Y	K	N	H	W	P	J	I	W
C	K	S	W	L	W	M	R	H	A	F	K	U	V	B	U	Y	Z	A
S	N	G	O	A	H	Z	C	H	F	P	D	P	A	W	V	N	F	E
M	H	P	D	S	D	G	Y	D	O	O	D	G	N	A	Q	D	I	Q
P	K	W	H	P	Y	Q	L	B	O	F	D	W	B	I	P	A	C	W

O	F	T	V	R	V	O	G	I	X	B	Y	J	O	J	F	P	X	B
I	C	A	L	V	I	A	E	G	D	L	N	P	U	F	Z	J	D	Z
T	O	D	Q	C	G	R	A	S	R	G	W	T	U	Y	W	I	W	G
Z	J	M	J	X	A	O	O	V	M	B	O	P	M	U	M	M	M	A
X	E	K	K	Y	P	W	G	L	P	K	X	Y	V	A	V	A	R	T
A	R	T	E	P	K	B	B	V	C	Z	U	U	J	F	R	C	Z	B
S	K	U	F	V	U	H	Z	G	P	W	E	B	T	D	R	I	U	B
H	W	Q	Z	E	S	P	O	R	L	E	S	H	A	K	A	T	A	J
B	H	D	L	B	K	M	C	H	E	I	X	X	L	J	M	G	X	W
O	J	B	R	S	L	J	V	Y	F	O	M	O	O	R	B	E	G	Y
U	A	S	A	N	T	A	T	L	H	M	P	K	Y	Z	R	A	N	C
F	T	N	C	D	C	F	B	L	G	U	I	G	N	Z	X	N	S	H
P	O	B	I	E	V	D	P	I	I	Q	F	J	U	G	T	O	I	K
M	P	G	Y	Q	S	D	F	Y	N	B	L	K	B	X	B	Z	H	E
K	Z	F	V	A	V	G	Q	B	E	C	C	P	C	B	S	O	X	Y
J	U	U	N	X	W	I	O	B	I	B	A	E	R	P	E	L	S	G
U	I	T	K	T	Q	Z	Q	V	K	U	U	E	F	W	P	S	K	D
N	A	X	W	Z	U	J	X	V	O	G	P	N	A	L	J	M	G	J
H	B	U	Q	V	A	N	B	U	E	B	Y	M	R	D	U	Q	F	Y
W	P	V	E	R	E	Q	J	N	C	E	T	F	H	I	T	B	M	H
H	S	K	T	L	B	K	I	R	H	F	Q	D	B	N	H	B	J	U
H	A	A	P	A	F	A	H	B	E	H	K	U	S	P	Z	P	R	T
J	G	J	D	V	O	X	I	M	M	S	L	D	E	L	R	W	C	H
Y	J	V	D	T	J	I	K	U	L	L	L	L	E	S	N	O	C	M

17

Orte

BUNYOLA
CONSELL
ESPORLES
SANTA EUGENIA
SANTA MARIA DEL CAMI

CALVIA
PETRA
LLUBI
INCA
ARTA

Lösung

O	F	T	V	R	V	O	G	I	X	B	Y	J	O	J	F	P	X	B
I	C	A	L	V	I	A	E	G	D	L	N	P	U	F	Z	J	D	Z
T	O	D	Q	C	G	R	A	S	R	G	W	T	U	Y	W	I	W	G
Z	J	M	J	X	A	O	O	V	M	B	O	P	M	U	M	M	M	A
X	E	K	K	Y	P	W	G	L	P	K	X	Y	V	A	V	A	R	T
A	R	T	E	P	K	B	B	V	C	Z	U	U	J	F	R	C	Z	B
S	K	U	F	V	U	H	Z	G	P	W	E	B	T	D	R	I	U	B
H	W	Q	Z	E	S	P	O	R	L	E	S	H	A	K	A	T	A	J
B	H	D	L	B	K	M	C	H	E	I	X	X	L	J	M	G	X	W
O	J	B	R	S	L	J	V	Y	F	O	M	O	O	R	B	E	G	Y
U	A	S	A	N	T	A	T	L	H	M	P	K	Y	Z	R	A	N	C
F	T	N	C	D	C	F	B	L	G	U	I	G	N	Z	X	N	S	H
P	O	B	I	E	V	D	P	I	I	Q	F	J	U	G	T	O	I	K
M	P	G	Y	Q	S	D	F	Y	N	B	L	K	B	X	B	Z	H	E
K	Z	F	V	A	V	G	Q	B	E	C	C	P	C	B	S	O	X	Y
J	U	U	N	X	W	I	O	B	I	B	A	E	R	P	E	L	S	G
U	I	T	K	T	Q	Z	Q	V	K	U	U	E	F	W	P	S	K	D
N	A	X	W	Z	U	J	X	V	O	G	P	N	A	L	J	M	G	J
H	B	U	Q	V	A	N	B	U	E	B	Y	M	R	D	U	Q	F	Y
W	P	V	E	R	E	Q	J	N	C	E	T	F	H	I	T	B	M	H
H	S	K	T	L	B	K	I	R	H	F	Q	D	B	N	H	B	J	U
H	A	A	P	A	F	A	H	B	E	H	K	U	S	P	Z	P	R	T
J	G	J	D	V	O	X	I	M	M	S	L	D	E	L	R	W	C	H
Y	J	V	D	T	J	I	K	U	L	L	L	L	E	S	N	O	C	M

Y	C	I	Q	Y	S	N	J	H	N	C	T	N	P	S	N	J	S	V
K	L	M	M	M	S	O	V	J	S	F	H	R	L	U	S	T	M	U
M	W	L	M	J	Z	E	L	N	E	D	D	U	U	Z	Q	U	O	N
T	T	S	Q	L	U	A	D	L	S	V	G	B	Z	L	T	C	U	C
U	V	Q	W	S	O	B	Z	L	E	D	L	Z	R	D	A	R	S	N
L	A	J	G	O	N	W	I	E	H	R	Z	B	C	P	S	V	F	Y
A	Z	J	H	B	M	P	O	B	L	A	U	V	D	T	Y	K	B	E
S	L	M	A	R	R	A	T	X	I	J	K	E	U	M	C	A	Y	N
Z	W	R	V	W	X	W	K	Q	K	H	P	P	H	Q	V	R	P	O
L	P	V	A	L	R	E	T	I	Z	E	D	G	D	E	V	E	W	C
D	U	C	I	F	A	A	H	T	R	F	H	J	J	N	Z	V	O	A
E	B	F	R	L	I	D	H	A	K	P	B	V	Z	G	J	R	H	D
L	C	G	A	T	J	E	F	D	S	J	O	Y	C	E	M	E	F	G
N	S	J	M	Z	U	V	N	P	L	A	W	L	W	R	F	S	U	A
Z	G	U	U	E	M	N	E	V	O	Y	N	H	L	L	M	U	P	N
O	F	U	B	E	S	B	Z	T	X	H	P	T	F	E	J	R	T	S
R	P	F	O	O	Q	U	X	S	V	I	E	Q	A	Z	N	T	Q	X
U	G	G	I	H	V	D	B	S	V	F	I	V	K	F	Z	C	Z	Z
M	K	E	O	Z	M	P	Z	P	R	H	T	C	A	S	D	D	A	X
X	X	L	K	J	K	K	Q	G	P	T	J	L	Z	C	Q	A	N	C
C	L	Y	N	H	J	O	A	N	N	C	K	Q	L	D	I	V	M	L
G	Y	C	G	O	F	U	O	D	X	J	J	L	Y	E	R	L	F	J
K	H	R	I	C	S	E	E	M	Q	L	E	N	D	C	M	W	I	W
Q	I	I	H	H	C	A	L	B	L	I	F	H	A	R	H	G	M	E

18

Orte

MARRATXI
CAPDEPERA
SANT JOAN
SON SERVERA
MARIA DE LA SALUT
SA POBLA
POLLENCA
SOLLER
MURO
DEIA

Lösung

Y	C	I	Q	Y	S	N	J	H	N	C	T	N	P	S	N	J	S	V
K	L	M	M	M	S	O	V	J	S	F	H	R	L	U	S	T	M	U
M	W	L	M	J	Z	E	L	N	E	D	D	U	U	Z	Q	U	O	N
T	T	S	Q	L	U	A	D	L	S	V	G	B	Z	L	T	C	U	C
U	V	Q	W	S	O	B	Z	L	E	D	L	Z	R	D	A	R	S	N
L	A	J	G	O	N	W	I	E	H	R	Z	B	C	P	S	V	F	Y
A	Z	J	H	B	M	P	O	B	L	A	U	V	D	T	Y	K	B	E
S	L	M	A	R	R	A	T	X	I	J	K	E	U	M	C	A	Y	N
Z	W	R	V	W	X	W	K	Q	K	H	P	P	H	Q	V	R	P	O
L	P	V	A	L	R	E	T	I	Z	E	D	G	D	E	V	E	W	C
D	U	C	I	F	A	A	H	T	R	F	H	J	J	N	Z	V	O	A
E	B	F	R	L	I	D	H	A	K	P	B	V	Z	G	J	R	H	D
L	C	G	A	T	J	E	F	D	S	J	O	Y	C	E	M	E	F	G
N	S	J	M	Z	U	V	N	P	L	A	W	L	W	R	F	S	U	A
Z	G	U	U	E	M	N	E	V	O	Y	N	H	L	L	M	U	P	N
O	F	U	B	E	S	B	Z	T	X	H	P	T	F	E	J	R	T	S
R	P	F	O	O	Q	U	X	S	V	I	E	Q	A	Z	N	T	Q	X
U	G	G	I	H	V	D	B	S	V	F	I	V	K	F	Z	C	Z	Z
M	K	E	O	Z	M	P	Z	P	R	H	T	C	A	S	D	D	A	X
X	X	L	K	J	K	K	Q	G	P	T	J	L	Z	C	Q	A	N	C
C	L	Y	N	H	J	O	A	N	N	C	K	Q	L	D	I	V	M	L
G	Y	C	G	O	F	U	O	D	X	J	J	L	Y	E	R	L	F	J
K	H	R	I	C	S	E	E	M	Q	L	E	N	D	C	M	W	I	W
Q	I	I	H	H	C	A	L	B	L	I	F	H	A	R	H	G	M	E

C	D	A	U	H	R	W	M	P	W	Q	G	K	K	K	W	U	C	L
E	C	I	Z	H	T	P	W	W	K	V	B	A	C	Q	L	N	U	Z
K	G	H	H	M	I	X	T	S	C	S	F	O	K	D	Y	B	A	E
V	I	O	I	R	N	J	P	T	F	E	X	A	K	S	D	Y	Z	U
M	Z	Q	Q	D	K	W	O	R	E	D	V	J	H	S	N	K	O	C
K	R	X	D	A	U	X	L	A	R	E	S	A	T	R	I	V	E	T
O	N	Y	P	J	R	Q	V	N	I	X	N	E	C	I	T	N	T	I
O	E	X	Q	A	K	Q	G	D	E	A	L	A	O	Q	C	T	E	E
X	I	X	U	F	R	N	Q	H	N	T	U	F	Y	I	Z	O	S	Z
L	T	N	T	S	X	X	D	O	R	R	W	C	O	K	H	S	V	C
E	O	C	E	A	N	O	A	T	E	U	I	V	M	X	I	I	N	J
T	J	W	W	R	A	B	L	E	I	K	K	C	Z	G	U	T	O	L
S	M	K	M	T	H	J	Z	L	S	J	C	R	H	T	R	C	I	M
N	D	H	Y	M	H	E	R	L	E	M	Q	T	G	O	U	Q	S	D
E	W	M	E	P	K	S	U	G	I	A	S	W	S	S	M	P	N	T
O	K	L	U	A	K	I	O	B	C	E	I	E	E	F	I	B	E	Q
H	R	X	Y	R	H	F	V	E	E	G	R	D	D	B	J	N	P	L
C	F	F	B	R	O	T	S	I	U	G	E	H	U	I	S	R	S	J
S	R	A	H	I	Y	W	N	X	Z	A	O	W	J	D	M	N	X	T
H	O	G	K	S	H	G	L	E	N	W	L	N	H	X	L	Q	D	E
R	W	D	E	X	A	R	Z	M	J	R	X	B	R	A	A	K	S	D
S	F	M	Q	R	Q	W	O	L	A	G	N	U	B	O	C	X	V	O
T	A	M	V	P	H	J	Z	O	Z	W	Q	U	J	X	T	X	S	W
H	Q	U	D	J	O	M	C	N	C	S	E	R	H	A	J	S	H	D

1

SCHOENSTE ZEIT DES JAHRES
STORNOGEBUEHREN
STRANDHOTEL
FERIENREISE
SIGHTSEEING

FAHRT INS BLAUE
BUNGALOW
KURTAXE
PENSION
RESORT

Lösung

C	D	A	U	H	R	W	M	P	W	Q	G	K	K	K	W	U	C	L
E	C	I	Z	H	T	P	W	W	K	V	B	A	C	Q	L	N	U	Z
K	G	H	H	M	I	X	T	S	C	S	F	O	K	D	Y	B	A	E
V	I	O	I	R	N	J	P	T	F	E	X	A	K	S	D	Y	Z	U
M	Z	Q	Q	D	K	W	O	R	E	D	V	J	H	S	N	K	O	C
K	R	X	D	A	U	X	L	A	R	E	S	A	T	R	I	V	E	T
O	N	Y	P	J	R	Q	V	N	I	X	N	E	C	I	T	N	T	I
O	E	X	Q	A	K	Q	G	D	E	A	L	A	O	Q	C	T	E	E
X	I	X	U	F	R	N	Q	H	N	T	U	F	Y	I	Z	O	S	Z
L	T	N	T	S	X	X	D	O	R	R	W	C	O	K	H	S	V	C
E	O	C	E	A	N	O	A	T	E	U	I	V	M	X	I	I	N	J
T	J	W	W	R	A	B	L	E	I	K	K	C	Z	G	U	T	O	L
S	M	K	M	T	H	J	Z	L	S	J	C	R	H	T	R	C	I	M
N	D	H	Y	M	H	E	R	L	E	M	Q	T	G	O	U	Q	S	D
E	W	M	E	P	K	S	U	G	I	A	S	W	S	S	M	P	N	T
O	K	L	U	A	K	I	O	B	C	E	I	E	E	F	I	B	E	Q
H	R	X	Y	R	H	F	V	E	E	G	R	D	D	B	J	N	P	L
C	F	F	B	R	O	T	S	I	U	G	E	H	U	I	S	R	S	J
S	R	A	H	I	Y	W	N	X	Z	A	O	W	J	D	M	N	X	T
H	O	G	K	S	H	G	L	E	N	W	L	N	H	X	L	Q	D	E
R	W	D	E	X	A	R	Z	M	J	R	X	B	R	A	A	K	S	D
S	F	M	Q	R	Q	W	O	L	A	G	N	U	B	O	C	X	V	O
T	A	M	V	P	H	J	Z	O	Z	W	Q	U	J	X	T	X	S	W
H	Q	U	D	J	O	M	C	N	C	S	E	R	H	A	J	S	H	D

E	C	I	V	R	E	S	R	E	M	M	I	Z	Q	G	X	E	V	N
Z	T	K	X	Z	A	L	B	T	D	J	D	Z	C	F	N	C	D	Z
T	M	R	P	B	I	K	R	S	A	Z	V	N	B	E	J	E	J	T
Y	C	E	G	Q	N	D	Z	Q	U	Y	X	R	F	E	I	G	J	N
Z	W	V	Z	M	Y	N	L	P	E	X	D	A	T	Y	S	L	J	E
S	C	E	Q	R	M	P	D	L	X	G	H	L	Z	Q	X	W	Y	U
C	U	K	A	K	G	O	S	I	D	G	A	U	B	F	A	E	P	Z
B	Y	F	D	O	R	G	I	S	U	G	Z	A	D	N	Y	I	P	L
Z	L	A	X	O	B	Y	F	L	X	I	B	L	D	O	X	B	C	N
E	Y	W	R	L	M	P	F	Y	H	D	E	E	A	I	U	X	P	M
I	E	R	B	Y	S	X	B	R	O	I	R	R	R	F	G	D	F	S
T	H	Z	V	Q	K	M	P	L	Q	N	B	Y	D	D	X	P	I	B
V	Y	K	Q	F	G	H	B	C	T	K	I	C	S	O	W	A	S	U
E	Z	P	Y	Z	D	N	T	S	Q	L	H	J	V	V	N	U	F	A
R	L	M	V	Y	D	M	Y	G	A	H	O	Q	J	L	R	S	Y	L
S	U	O	C	O	U	G	E	Z	M	R	N	O	H	J	A	C	M	R
C	X	X	H	I	U	U	F	G	R	L	Y	K	L	Y	C	H	A	U
H	K	W	P	W	M	W	U	C	O	F	I	T	R	N	N	A	C	G
I	X	B	S	T	E	Q	V	N	Z	Z	W	Q	Y	L	M	L	I	R
E	O	F	R	E	I	S	E	W	E	T	T	E	R	I	O	R	T	E
B	J	R	Z	C	D	M	A	U	S	S	C	H	L	A	F	E	N	B
U	D	W	F	U	P	S	I	N	W	M	J	D	Y	H	T	I	D	O
N	F	E	R	I	E	N	F	A	H	R	T	Z	Y	Q	X	S	T	R
G	H	H	A	D	F	W	C	W	E	F	P	F	E	L	W	E	F	X

2

ZEITVERSCHIEBUNG
ZIMMERSERVICE
PAUSCHALREISE
FERIENFAHRT
AUSSCHLAFEN

REISEWETTER
BERGURLAUB
FLUGHAFEN
WANDERN
JETLAG

Lösung

E	C	I	V	R	E	S	R	E	M	M	I	Z	Q	G	X	E	V	N
Z	T	K	X	Z	A	L	B	T	D	J	D	Z	C	F	N	C	D	Z
T	M	R	P	B	I	K	R	S	A	Z	V	N	B	E	J	E	J	T
Y	C	E	G	Q	N	D	Z	Q	U	Y	X	R	F	E	I	G	J	N
Z	W	V	Z	M	Y	N	L	P	E	X	D	A	T	Y	S	L	J	E
S	C	E	Q	R	M	P	D	L	X	G	H	L	Z	Q	X	W	Y	U
C	U	K	A	K	G	O	S	I	D	G	A	U	B	F	A	E	P	Z
B	Y	F	D	O	R	G	I	S	U	G	Z	A	D	N	Y	I	P	L
Z	L	A	X	O	B	Y	F	L	X	I	B	L	D	O	X	B	C	N
E	Y	W	R	L	M	P	F	Y	H	D	E	E	A	I	U	X	P	M
I	E	R	B	Y	S	X	B	R	O	I	R	R	R	F	G	D	F	S
T	H	Z	V	Q	K	M	P	L	Q	N	B	Y	D	D	X	P	I	B
V	Y	K	Q	F	G	H	B	C	T	K	I	C	S	O	W	A	S	U
E	Z	P	Y	Z	D	N	T	S	Q	L	H	J	V	V	N	U	F	A
R	L	M	V	Y	D	M	Y	G	A	H	O	Q	J	L	R	S	Y	L
S	U	O	C	O	U	G	E	Z	M	R	N	O	H	J	A	C	M	R
C	X	X	H	I	U	U	F	G	R	L	Y	K	L	Y	C	H	A	U
H	K	W	P	W	M	W	U	C	O	F	I	T	R	N	N	A	C	G
I	X	B	S	T	E	Q	V	N	Z	Z	W	Q	Y	L	M	L	I	R
E	O	F	R	E	I	S	E	W	E	T	T	E	R	I	O	R	T	E
B	J	R	Z	C	D	M	A	U	S	S	C	H	L	A	F	E	N	B
U	D	W	F	U	P	S	I	N	W	M	J	D	Y	H	T	I	D	O
N	F	E	R	I	E	N	F	A	H	R	T	Z	Y	Q	X	S	T	R
G	H	H	A	D	F	W	C	W	E	F	P	F	E	L	W	E	F	X

G	X	G	H	E	P	I	Q	R	L	T	B	L	I	N	D	Z	A	M
N	Q	F	J	M	N	E	H	C	A	M	S	Z	B	L	C	T	G	K
U	F	U	J	D	N	X	V	S	O	N	N	E	N	B	A	D	E	N
T	X	F	D	B	Y	L	L	B	R	S	M	N	J	A	N	H	Q	Y
I	Q	F	S	T	O	R	N	I	E	R	U	N	G	D	X	O	C	T
E	Q	G	J	W	F	K	B	O	O	K	I	N	G	Z	M	T	I	G
L	G	I	K	L	B	F	Q	R	L	G	C	I	F	X	O	E	U	T
G	E	N	Z	T	H	J	S	B	N	E	M	B	E	V	R	L	E	H
E	U	E	A	H	S	P	P	C	M	L	X	J	Q	M	Z	Z	W	M
B	C	G	B	K	O	L	I	Q	I	L	I	G	B	H	F	I	D	J
E	F	A	O	X	R	E	Q	Z	B	I	D	J	X	G	W	M	Z	Z
S	M	W	Y	G	U	G	M	T	W	R	M	J	X	U	W	M	X	I
I	T	K	V	S	M	E	K	X	T	B	J	E	A	L	Y	E	X	O
E	O	C	S	G	Y	U	H	M	S	N	M	E	X	F	H	R	O	E
R	O	E	S	K	E	L	Z	T	G	E	R	Q	R	S	A	D	M	O
K	I	A	I	S	Z	F	O	M	A	N	W	A	Q	S	S	Y	C	J
W	F	P	T	T	G	S	V	A	D	N	Z	J	N	U	J	F	D	Z
N	H	E	Z	E	O	U	Y	J	V	O	K	F	H	L	U	V	U	F
E	C	G	P	L	F	A	I	N	C	S	B	W	V	H	C	W	L	I
X	G	J	L	Z	B	V	Q	I	E	U	D	Q	G	C	P	H	L	H
W	A	T	A	C	N	B	C	D	P	G	A	M	G	S	E	N	W	R
C	W	Q	T	Q	K	J	S	B	Q	X	N	V	E	N	U	L	D	V
X	M	V	Z	R	S	D	E	U	P	C	M	U	B	A	Z	X	T	K
N	F	Z	F	K	Z	S	A	E	E	B	G	D	U	D	X	T	G	L

3

AUSFLUEGE MACHEN
REISEBEGLEITUNG
BLIND BOOKING
ANSCHLUSSFLUG
SONNENBRILLE
GEPAECKWAGEN
HOTELZIMMER
STORNIERUNG
SONNENBADEN
SITZPLATZ

Lösung

G X G H E P I Q R L T B L I N D Z A M
N Q F J M N E H C A M S Z B L C T G K
U F U J D N X V S O N N E N B A D E N
T X F D B Y L L B R S M N J A N H Q Y
I Q F S T O R N I E R U N G D X O C T
E Q G J W F K B O O K I N G Z M T I G
L G I K L B F Q R L G C I F X O E U T
G E N Z T H J S B N E M B E V R L E H
E U E A H S P P C M L X J Q M Z Z W M
B C G B K O L I Q I L I G B H F I D J
E F A O X R E Q Z B I D J X G W M Z Z
S M W Y G U G M T W R M J X U W M X I
I T K V S M E K X T B J E A L Y E X O
E O C S G Y U H M S N M E X F H R O E
R O E S K E L Z T G E R Q R S A D M O
K I A I S Z F O M A N W A Q S S Y C J
W F P T T G S V A D N Z J N U J F D Z
N H E Z E O U Y J V O K F H L U V U F
E C G P L F A I N C S B W V H C W L I
X G J L Z B V Q I E U D Q G C P H L H
W A T A C N B C D P G A M G S E N W R
C W Q T Q K J S B Q X N V E N U L D V
X M V Z R S D E U P C M U B A Z X T K
N F Z F K Z S A E E B G D U D X T G L

M K Z T L U F N Y R B I E L L B M M H
T G H J L E F H E R B E R G E M Y Q N
E K A X A L L A S I Y H K T I L V V K
F G E I S Y M P E M D Q K N B M A A I
F S U H N S I U T Z B B I L A N O W V
U L Y L I C T U H O R B B X Q F W W M
B M K M F U L N L B A U U V C F N O X
S V O H G N D U T R T S E Y B R B J R
K R H R W H E B S V I D Y D J I E E Z
C P I G O O T K D I G V T T L Y B L H
E Y D K H L J G C J V B I H K E H B D
U P G Z U J X N Z E I E E V I P Z B V
T B Z J G N X A S T R I H F B B L W F
S Y O U P Q U D P E M T E R H F N A E
H C K V V M L A F W C S S C R A W E K
E Y L L B A P F F L I R Z Z F B P N L
U D E P D S O C K E I A I G R E X L A
R Q I U D K F E R G C I B V N U G D D
F K Z K L B J V M N P V I N W F K U R
K C E R G C H A I D U P O M A V Y H J
R U S W Q Y V F Y M A C K K N H O P P
U Y I B I W G Q R Y G A U L B B I C F
S D E K E K K R T Z R C Z B J K N H X
E M R X I S X N A F S G G J D L D B N

4

FRUEHSTUECKSBUFFET
KURZSTRECKENFLUG
ALL INCLUSIVE
REISEFIEBER
REISEZIEL

MOBILHEIM
HERBERGE
MINIBAR
KOFFER
FINCA

Lösung

M	K	Z	T	L	U	F	N	Y	R	B	I	E	L	L	B	M	M	H
T	G	H	J	L	E	F	H	E	R	B	E	R	G	E	M	Y	Q	N
E	K	A	X	A	L	L	A	S	I	Y	H	K	T	I	L	V	V	K
F	G	E	I	S	Y	M	P	E	M	D	Q	K	N	B	M	A	A	I
F	S	U	H	N	S	I	U	T	Z	B	B	I	L	A	N	O	W	V
U	L	Y	L	I	C	T	U	H	O	R	B	B	X	Q	F	W	W	M
B	M	K	M	F	U	L	N	L	B	A	U	U	V	C	F	N	O	X
S	V	O	H	G	N	D	U	T	R	T	S	E	Y	B	R	B	J	R
K	R	H	R	W	H	E	B	S	V	I	D	Y	D	J	I	E	E	Z
C	P	I	G	O	O	T	K	D	I	G	V	T	T	L	Y	B	L	H
E	Y	D	K	H	L	J	G	C	J	V	B	I	H	K	E	H	B	D
U	P	G	Z	U	J	X	N	Z	E	I	E	E	V	I	P	Z	B	V
T	B	Z	J	G	N	X	A	S	T	R	I	H	F	B	B	L	W	F
S	Y	O	U	P	Q	U	D	P	E	M	T	E	R	H	F	N	A	E
H	C	K	V	V	M	L	A	F	W	C	S	S	C	R	A	W	E	K
E	Y	L	L	B	A	P	F	F	L	I	R	Z	Z	F	B	P	N	L
U	D	E	P	D	S	O	C	K	E	I	A	I	G	R	E	X	L	A
R	Q	I	U	D	K	F	E	R	G	C	I	B	V	N	U	G	D	D
F	K	Z	K	L	B	J	V	M	N	P	V	I	N	W	F	K	U	R
K	C	E	R	G	C	H	A	I	D	U	P	O	M	A	V	Y	H	J
R	U	S	W	Q	Y	V	F	Y	M	A	C	K	K	N	H	O	P	P
U	Y	I	B	I	W	G	Q	R	Y	G	A	U	L	B	B	I	C	F
S	D	E	K	E	K	K	R	T	Z	R	C	Z	B	J	K	N	H	X
E	M	R	X	I	S	X	N	A	F	S	G	G	J	D	L	D	B	N

U	N	J	S	I	N	M	Y	T	O	M	O	R	P	Q	J	J	V	J
U	K	R	K	A	Y	K	J	D	R	U	F	Y	H	M	Y	J	A	G
C	K	U	T	U	A	B	I	K	U	O	Z	D	W	I	U	M	L	G
B	K	E	I	V	T	P	M	X	T	T	X	G	Q	Z	F	F	F	U
J	U	T	S	V	M	L	W	W	F	H	Y	J	J	W	C	F	H	L
V	L	A	J	L	L	C	Z	K	B	Z	Y	R	W	I	B	O	H	F
P	O	M	L	Z	F	E	R	I	E	N	W	O	H	N	U	N	G	B
I	V	I	H	R	B	A	V	J	N	E	P	P	O	H	S	R	I	A
R	Z	N	H	W	U	T	D	U	E	P	F	N	H	D	T	E	R	O
V	J	A	B	D	C	R	S	G	P	Q	F	U	A	Q	T	X	J	Y
S	N	Z	E	Q	H	A	E	T	O	Z	X	P	Q	H	E	B	X	N
Q	M	B	M	Y	U	O	L	U	A	K	J	P	I	I	A	H	O	H
L	N	R	H	I	N	W	I	S	E	R	P	B	I	L	V	L	R	I
K	L	X	P	C	G	U	B	Y	V	T	T	F	M	X	W	K	S	A
A	L	V	U	H	S	P	P	R	C	U	N	B	E	T	K	I	O	B
T	F	R	E	E	P	P	R	A	S	H	W	E	A	R	C	N	T	I
L	P	V	S	C	L	X	C	U	Y	P	F	M	B	H	N	U	V	T
Y	C	E	A	K	A	A	F	U	H	V	M	U	I	A	N	W	P	F
C	B	G	Z	I	T	S	T	A	P	Z	S	K	V	I	T	B	E	U
E	F	Z	Y	N	T	X	E	C	S	H	Z	V	O	T	R	C	S	H
O	U	S	G	E	F	H	B	Y	W	Y	Y	S	K	T	W	Q	V	Q
M	G	I	Q	X	O	V	X	K	L	K	F	F	I	W	W	N	W	F
C	Q	Z	O	D	R	K	F	Q	H	O	N	N	G	B	I	K	F	X
J	N	X	C	F	M	C	N	H	Z	A	R	D	B	A	N	M	E	R

5

BUCHUNGSPLATTFORM
ABENTEUERURLAUB
FERIENWOHNUNG
AIRSHOPPEN
STARTBAHN

DUTY FREE
ANIMATEUR
CHECKIN
FERNWEH
ABFLUG

Lösung

U	N	J	S	I	N	M	Y	T	O	M	O	R	P	Q	J	J	V	J
U	K	R	K	A	Y	K	J	D	R	U	F	Y	H	M	Y	J	A	G
C	K	U	T	U	A	B	I	K	U	O	Z	D	W	I	U	M	L	G
B	K	E	I	V	T	P	M	X	T	T	X	G	Q	Z	F	F	F	U
J	U	T	S	V	M	L	W	W	F	H	Y	J	J	W	C	F	H	L
V	L	A	J	L	L	C	Z	K	B	Z	Y	R	W	I	B	O	H	F
P	O	M	L	Z	F	E	R	I	E	N	W	O	H	N	U	N	G	B
I	V	I	H	R	B	A	V	J	N	E	P	P	O	H	S	R	I	A
R	Z	N	H	W	U	T	D	U	E	P	F	N	H	D	T	E	R	O
V	J	A	B	D	C	R	S	G	P	Q	F	U	A	Q	T	X	J	Y
S	N	Z	E	Q	H	A	E	T	O	Z	X	P	Q	H	E	B	X	N
Q	M	B	M	Y	U	O	L	U	A	K	J	P	I	I	A	H	O	H
L	N	R	H	I	N	W	I	S	E	R	P	B	I	L	V	L	R	I
K	L	X	P	C	G	U	B	Y	V	T	T	F	M	X	W	K	S	A
A	L	V	U	H	S	P	P	R	C	U	N	B	E	T	K	I	O	B
T	F	R	E	E	P	P	R	A	S	H	W	E	A	R	C	N	T	I
L	P	V	S	C	L	X	C	U	Y	P	F	M	B	H	N	U	V	T
Y	C	E	A	K	A	A	F	U	H	V	M	U	I	A	N	W	P	F
C	B	G	Z	I	T	S	T	A	P	Z	S	K	V	I	T	B	E	U
E	F	Z	Y	N	T	X	E	C	S	H	Z	V	O	T	R	C	S	H
O	U	S	G	E	F	H	B	Y	W	Y	Y	S	K	T	W	Q	V	Q
M	G	I	Q	X	O	V	X	K	L	K	F	F	I	W	W	N	W	F
C	Q	Z	O	D	R	K	F	Q	H	O	N	N	G	B	I	K	F	X
J	N	X	C	F	M	C	N	H	Z	A	R	D	B	A	N	M	E	R

I	A	Y	S	P	K	C	E	W	Z	E	S	I	E	R	Z	Q	X	J
H	I	F	A	B	W	V	D	T	S	Q	U	W	L	X	U	R	T	D
H	U	E	B	H	O	S	T	E	L	X	Z	P	G	I	K	M	T	O
O	T	H	Y	N	B	R	V	C	F	D	K	E	U	N	F	H	M	U
I	C	Z	Q	U	E	Z	Z	X	X	Y	W	H	J	D	T	W	O	H
L	T	V	V	E	I	N	J	W	Y	Z	D	P	Q	I	X	P	T	M
F	N	T	E	Z	W	K	B	B	G	Z	G	H	B	V	Q	G	O	N
S	D	M	Q	F	R	O	H	F	P	T	M	Y	L	I	R	K	R	D
K	U	A	P	G	J	E	Y	C	E	U	R	R	W	D	Y	X	R	V
L	V	B	M	C	N	J	I	R	L	P	D	N	F	U	X	F	A	O
K	Q	V	U	J	L	L	M	S	Q	U	O	I	P	A	D	F	D	W
Z	X	J	N	Z	G	I	O	L	E	I	H	Q	W	L	Q	L	T	Z
C	T	P	H	I	N	F	L	D	S	P	F	C	W	U	Q	G	O	J
O	N	P	A	A	H	T	A	N	F	F	L	C	W	R	Z	R	U	S
C	W	A	L	Z	R	T	E	M	L	H	M	A	A	L	K	B	R	Q
C	X	O	U	T	V	P	H	D	Q	W	O	B	N	A	X	X	J	S
F	Q	Y	F	H	L	L	I	N	I	E	N	F	L	U	G	Y	N	A
L	V	K	V	L	O	Y	L	J	P	S	V	J	D	B	N	S	K	B
J	A	G	O	H	M	I	E	F	J	E	I	E	R	F	T	G	O	R
A	Q	V	Y	D	D	D	P	R	O	D	N	R	Y	Y	G	E	Y	C
T	Q	O	I	C	T	Y	B	J	V	H	V	L	E	T	C	G	V	S
E	S	Y	V	S	I	H	L	L	T	E	K	C	I	T	G	U	L	F
Z	B	B	X	U	E	H	S	J	W	U	U	W	X	E	K	D	Q	E
T	E	E	Q	B	Z	I	R	N	B	T	N	U	U	B	Y	Q	R	M

6

INDIVIDUALURLAUB
MOTORRADTOUR
REISEPLANUNG
VOLLPENSION
REISEZWECK

FLUGTICKET
LINIENFLUG
FREIE ZEIT
TERMINAL
HOSTEL

Lösung

I	A	Y	S	P	K	C	E	W	Z	E	S	I	E	R	Z	Q	X	J
H	I	F	A	B	W	V	D	T	S	Q	U	W	L	X	U	R	T	D
H	U	E	B	H	O	S	T	E	L	X	Z	P	G	I	K	M	T	O
O	T	H	Y	N	B	R	V	C	F	D	K	E	U	N	F	H	M	U
I	C	Z	Q	U	E	Z	Z	X	X	Y	W	H	J	D	T	W	O	H
L	T	V	V	E	I	N	J	W	Y	Z	D	P	Q	I	X	P	T	M
F	N	T	E	Z	W	K	B	B	G	Z	G	H	B	V	Q	G	O	N
S	D	M	Q	F	R	O	H	F	P	T	M	Y	L	I	R	K	R	D
K	U	A	P	G	J	E	Y	C	E	U	R	R	W	D	Y	X	R	V
L	V	B	M	C	N	J	I	R	L	P	D	N	F	U	X	F	A	O
K	Q	V	U	J	L	L	M	S	Q	U	O	I	P	A	D	F	D	W
Z	X	J	N	Z	G	I	O	L	E	I	H	Q	W	L	Q	L	T	Z
C	T	P	H	I	N	F	L	D	S	P	F	C	W	U	Q	G	O	J
O	N	P	A	A	H	T	A	N	F	F	L	C	W	R	Z	R	U	S
C	W	A	L	Z	R	T	E	M	L	H	M	A	A	L	K	B	R	Q
C	X	O	U	T	V	P	H	D	Q	W	O	B	N	A	X	X	J	S
F	Q	Y	F	H	L	L	I	N	I	E	N	F	L	U	G	Y	N	A
L	V	K	V	L	O	Y	L	J	P	S	V	J	D	B	N	S	K	B
J	A	G	O	H	M	I	E	F	J	E	I	E	R	F	T	G	O	R
A	Q	V	Y	D	D	D	P	R	O	D	N	R	Y	Y	G	E	Y	C
T	Q	O	I	C	T	Y	B	J	V	H	V	L	E	T	C	G	V	S
E	S	Y	V	S	I	H	L	L	T	E	K	C	I	T	G	U	L	F
Z	B	B	X	U	E	H	S	J	W	U	U	W	X	E	K	D	Q	E
T	E	E	Q	B	Z	I	R	N	B	T	N	U	U	B	Y	Q	R	M

U M C B K B M X I E H O D Y V R F L U
C N H N L Y E C G K L E I D U N G D M
O O C E Y V T D P D X I Z P B E S W T
Q B W K M K N Q G R L F H D Y N T C Z
P I Q C A T T S U W E R U Q B P D M S
E Y J A U B T G D Z P I E O N O Z P U
T G W P I K P V G R X V S T Y N O Y Z
U M E N C L C K E G O G Z E I R N R K
I O Z I H E G K E U V M X Y T U K O N
H A H E J T X Q C Q K N R U F R S E G
W O K P Q Y V H L O R T R A E Y M N K
I Q Q Z Z E E A E E J L K U P M O I J
N I B R W R A T L X A U Z M I L Y G Q
L A N E H Q N W M U L F U W M F B Z A
R Z E O R X I K B I A S H H L S S V H
W J H P T P Y S N H L C N D F V B B J
J K C T R E Y A R L S B P H I W H B M
C T U K E Y R T V O Y N Q U S C V K I
Q X S R Y I V N E T S O K E S I E R N
F D E V S Q F L U G I N F O E X P V Z
B F B C I O L J A U I M Z X M S F L T
K V H R A Z I C Z U E N S T M Y C L D
J E D P A N Y D A P A S S E N D E J T
B M N Y H M M U S E U M D V B R U O S

7

PASSENDE KLEIDUNG EINPACKEN
KULINARISCHE REISE
MUSEUM BESUCHEN
REISEKOSTEN
SPORTURLAUB

SCHWIMMEN
KREUZFAHRT
FLUGINFO
VOUCHER
SUITE

Lösung

U	M	C	B	K	B	M	X	I	E	H	O	D	Y	V	R	F	L	U
C	N	H	N	L	Y	E	C	G	K	L	E	I	D	U	N	G	D	M
O	O	C	E	Y	V	T	D	P	D	X	I	Z	P	B	E	S	W	T
Q	B	W	K	M	K	N	Q	G	R	L	F	H	D	Y	N	T	C	Z
P	I	Q	C	A	T	T	S	U	W	E	R	U	Q	B	P	D	M	S
E	Y	J	A	U	B	T	G	D	Z	P	I	E	O	N	O	Z	P	U
T	G	W	P	I	K	P	V	G	R	X	V	S	T	Y	N	O	Y	Z
U	M	E	N	C	L	C	K	E	G	O	G	Z	E	I	R	N	R	K
I	O	Z	I	H	E	G	K	E	U	V	M	X	Y	T	U	K	O	N
H	A	H	E	J	T	X	Q	C	Q	K	N	R	U	F	R	S	E	G
W	O	K	P	Q	Y	V	H	L	O	R	T	R	A	E	Y	M	N	K
I	Q	Q	Z	Z	E	E	A	E	E	J	L	K	U	P	M	O	I	J
N	I	B	R	W	R	A	T	L	X	A	U	Z	M	I	L	Y	G	Q
L	A	N	E	H	Q	N	W	M	U	L	F	U	W	M	F	B	Z	A
R	Z	E	O	R	X	I	K	B	I	A	S	H	H	L	S	S	V	H
W	J	H	P	T	P	Y	S	N	H	L	C	N	D	F	V	B	B	J
J	K	C	T	R	E	Y	A	R	L	S	B	P	H	I	W	H	B	M
C	T	U	K	E	Y	R	T	V	O	Y	N	Q	U	S	C	V	K	I
Q	X	S	R	Y	I	V	N	E	T	S	O	K	E	S	I	E	R	N
F	D	E	V	S	Q	F	L	U	G	I	N	F	O	E	X	P	V	Z
B	F	B	C	I	O	L	J	A	U	I	M	Z	X	M	S	F	L	T
K	V	H	R	A	Z	I	C	Z	U	E	N	S	T	M	Y	C	L	D
J	E	D	P	A	N	Y	D	A	P	A	S	S	E	N	D	E	J	T
B	M	N	Y	H	M	M	U	S	E	U	M	D	V	B	R	U	O	S

C K C E U T S H E U R F W R E R Z L P
C T M X B G C Y Z C I E U P S Y A G L
O W F M I J K E B J S N U F W G F H E
Z V H Z N O I J D I G T M O J X J E F
H I R R T T H B E J O A G J G D N T E
I B R A W W W R O H N Y H M E Y K R R
X F M O B J T B R F W F E B P G O A I
W A D N S L K F Q X A V W V A C Y K E
Q W M U E G D K A U F P W T E G M R N
U Z J W R K Y I Y A N W V Z C I F H D
O N Z F T L O R E P A B L A K K J A O
V D X G C V A H V S K J Q R A U F F M
L H X Y U E R U C P A P D Z U Q C H I
S I J S R E C H B X V W O D S M H L Z
C P V F Y Y D Z O S O U W T G I S E I
B A D E U R L A U B G H P A A F K J L
F S O R G E N F R E I E I V B V H K D
T A O P I L S P E F Q H G E E B K W N
E R K U N D E N T I F L B E F D E K F
M J S Z G R V X D W O L M R N S T O J
Z A L L U R U R D N Z C N U H D C H Q
J X U V Y T D X K I T X E Z S P N R S
K N E H C A S M M I W H C S P G H B J
S E L A T N E N I T N O K C V Z S L E

8

KONTINENTALES FRUEHSTUECK
URLAUBSGEGEND ERKUNDEN
SORGENFREIE ZEIT
GEPAECKAUSGABE
SCHWIMMSACHEN

FERIENDOMIZIL
BADEURLAUB
FAHRKARTE
WELTREISE
FAEHRE

Lösung

C	K	C	E	U	T	S	H	E	U	R	F	W	R	E	R	Z	L	P
C	T	M	X	B	G	C	Y	Z	C	I	E	U	P	S	Y	A	G	L
O	W	F	M	I	J	K	E	B	J	S	N	U	F	W	G	F	H	E
Z	V	H	Z	N	O	I	J	D	I	G	T	M	O	J	X	J	E	F
H	I	R	R	T	T	H	B	E	J	O	A	G	J	G	D	N	T	E
I	B	R	A	W	W	W	R	O	H	N	Y	H	M	E	Y	K	R	R
X	F	M	O	B	J	T	B	R	F	W	F	E	B	P	G	O	A	I
W	A	D	N	S	L	K	F	Q	X	A	V	W	V	A	C	Y	K	E
Q	W	M	U	E	G	D	K	A	U	F	P	W	T	E	G	M	R	N
U	Z	J	W	R	K	Y	I	Y	A	N	W	V	Z	C	I	F	H	D
O	N	Z	F	T	L	O	R	E	P	A	B	L	A	K	K	J	A	O
V	D	X	G	C	V	A	H	V	S	K	J	Q	R	A	U	F	F	M
L	H	X	Y	U	E	R	U	C	P	A	P	D	Z	U	Q	C	H	I
S	I	J	S	R	E	C	H	B	X	V	W	O	D	S	M	H	L	Z
C	P	V	F	Y	Y	D	Z	O	S	O	U	W	T	G	I	S	E	I
B	A	D	E	U	R	L	A	U	B	G	H	P	A	A	F	K	J	L
F	S	O	R	G	E	N	F	R	E	I	E	I	V	B	V	H	K	D
T	A	O	P	I	L	S	P	E	F	Q	H	G	E	E	B	K	W	N
E	R	K	U	N	D	E	N	T	I	F	L	B	E	F	D	E	K	F
M	J	S	Z	G	R	V	X	D	W	O	L	M	R	N	S	T	O	J
Z	A	L	L	U	R	U	R	D	N	Z	C	N	U	H	D	C	H	Q
J	X	U	V	Y	T	D	X	K	I	T	X	E	Z	S	P	N	R	S
K	N	E	H	C	A	S	M	M	I	W	H	C	S	P	G	H	B	J
S	E	L	A	T	N	E	N	I	T	N	O	K	C	V	Z	S	L	E

N	W	Q	D	C	M	M	W	D	W	B	H	D	K	B	M	P	I	K
J	T	U	D	K	Z	I	L	M	G	N	U	G	F	G	V	A	R	K
M	A	D	R	N	V	D	Z	F	I	K	B	F	E	E	B	D	W	C
Z	F	L	E	E	W	K	K	X	Z	Y	S	G	L	W	C	J	M	E
N	E	A	F	R	I	H	C	E	Q	U	G	K	D	O	U	L	A	U
L	R	J	S	E	O	I	J	V	K	X	E	X	V	G	P	B	G	T
U	I	D	N	G	E	Y	W	N	F	G	K	B	D	G	K	B	E	S
D	E	Y	A	R	V	L	O	Y	C	O	E	Y	O	V	B	Z	Y	H
I	N	L	R	O	Z	Z	H	A	Q	B	H	I	R	F	D	Y	A	E
R	H	G	T	S	V	M	W	B	N	I	T	U	E	S	M	E	U	U
E	A	T	N	R	I	J	Z	B	W	J	O	V	D	Y	K	M	V	R
K	U	T	E	E	A	B	J	M	L	P	P	T	I	H	Q	H	V	F
T	S	S	F	V	G	U	O	I	O	I	A	U	E	R	V	D	V	I
B	T	A	A	T	A	A	W	D	H	S	E	L	X	E	A	N	D	T
U	O	J	H	S	N	L	F	F	E	D	S	F	B	V	N	O	D	Z
C	M	C	G	B	G	R	X	B	S	V	I	H	J	E	R	D	W	B
H	A	N	U	L	W	U	W	P	C	J	E	O	S	H	G	I	Q	L
U	T	V	L	E	A	E	C	F	E	V	R	I	E	Z	V	Q	P	T
N	E	K	F	S	Y	E	Q	D	I	B	E	T	T	T	T	D	T	A
G	N	N	L	R	C	S	H	D	A	R	P	Z	Y	X	T	L	C	O
H	S	G	H	L	P	J	R	I	S	K	Z	B	A	N	V	A	Q	X
L	A	D	X	N	U	R	W	U	Z	E	W	D	A	Z	X	H	D	O
D	F	U	P	C	L	H	B	G	P	G	J	V	F	W	Y	B	K	G
E	T	G	U	A	M	E	R	I	K	A	N	I	S	C	H	E	S	S

9

AMERIKANISCHES FRUEHSTUECK
FLUGHAFENTRANSFER
SELBSTVERSORGER
DIREKTBUCHUNG
REISEAPOTHEKE
TOMATENSAFT
FERIENHAUS
SEEURLAUB
BUSREISEN
GANGWAY

Lösung

N	W	Q	D	C	M	M	W	D	W	B	H	D	K	B	M	P	I	K
J	T	U	D	K	Z	I	L	M	G	N	U	G	F	G	V	A	R	K
M	A	D	R	N	V	D	Z	F	I	K	B	F	E	E	B	D	W	C
Z	F	L	E	E	W	K	K	X	Z	Y	S	G	L	W	C	J	M	E
N	E	A	F	R	I	H	C	E	Q	U	G	K	D	O	U	L	A	U
L	R	J	S	E	O	I	J	V	K	X	E	X	V	G	P	B	G	T
U	I	D	N	G	E	Y	W	N	F	G	K	B	D	G	K	B	E	S
D	E	Y	A	R	V	L	O	Y	C	O	E	Y	O	V	B	Z	Y	H
I	N	L	R	O	Z	Z	H	A	Q	B	H	I	R	F	D	Y	A	E
R	H	G	T	S	V	M	W	B	N	I	T	U	E	S	M	E	U	U
E	A	T	N	R	I	J	Z	B	W	J	O	V	D	Y	K	M	V	R
K	U	T	E	E	A	B	J	M	L	P	P	T	I	H	Q	H	V	F
T	S	S	F	V	G	U	O	I	O	I	A	U	E	R	V	D	V	I
B	T	A	A	T	A	A	W	D	H	S	E	L	X	E	A	N	D	T
U	O	J	H	S	N	L	F	F	E	D	S	F	B	V	N	O	D	Z
C	M	C	G	B	G	R	X	B	S	V	I	H	J	E	R	D	W	B
H	A	N	U	L	W	U	W	P	C	J	E	O	S	H	G	I	Q	L
U	T	V	L	E	A	E	C	F	E	V	R	I	E	Z	V	Q	P	T
N	E	K	F	S	Y	E	Q	D	I	B	E	T	T	T	T	D	T	A
G	N	N	L	R	C	S	H	D	A	R	P	Z	Y	X	T	L	C	O
H	S	G	H	L	P	J	R	I	S	K	Z	B	A	N	V	A	Q	X
L	A	D	X	N	U	R	W	U	Z	E	W	D	A	Z	X	H	D	O
D	F	U	P	C	L	H	B	G	P	G	J	V	F	W	Y	B	K	G
E	T	G	U	A	M	E	R	I	K	A	N	I	S	C	H	E	S	S

G	F	R	A	C	F	H	S	B	W	N	H	Q	D	F	N	S	S	Y
N	K	D	A	I	V	O	Z	N	E	Y	A	I	U	Q	O	U	P	J
U	H	U	J	K	S	M	B	S	E	N	J	K	G	A	V	R	X	N
R	L	K	D	N	R	S	S	T	T	N	J	C	E	H	O	L	S	D
E	J	U	P	Z	E	E	F	B	W	T	B	G	P	J	U	A	A	A
H	G	B	A	A	I	Z	J	N	T	U	D	C	A	T	K	U	E	T
C	S	K	D	D	S	V	C	E	R	N	U	L	E	D	U	B	N	R
I	C	J	S	D	E	A	N	G	J	Z	A	Y	C	V	S	S	E	X
S	Y	Y	P	W	P	D	S	N	B	V	S	M	K	G	J	C	D	H
R	N	E	A	V	A	Q	Z	U	S	A	M	D	A	U	N	H	Y	X
E	L	S	T	K	S	Z	Q	T	F	X	W	B	U	L	C	E	G	K
V	N	N	R	O	S	O	G	I	L	M	H	V	F	F	U	C	V	V
E	K	E	O	X	V	T	N	E	H	V	U	F	G	R	E	K	G	U
S	Y	L	C	S	N	L	I	R	Y	B	I	T	A	E	F	L	L	D
I	D	F	U	U	W	R	P	E	C	K	T	I	B	T	C	I	F	B
E	G	Z	E	Y	B	E	M	B	Q	R	C	T	E	R	O	S	M	G
R	O	G	V	J	X	Q	A	R	F	U	F	Z	D	A	R	T	R	A
A	P	I	N	E	D	I	C	O	K	F	Z	D	X	H	B	E	X	B
S	Q	S	R	U	F	M	S	V	E	C	L	T	U	C	B	L	E	R
T	M	B	C	K	Y	Z	L	E	X	O	A	Z	G	R	L	B	N	V
G	F	A	I	B	C	A	J	S	I	P	I	U	P	G	R	A	D	E
P	V	W	J	N	Z	F	G	I	A	G	E	H	E	N	Y	O	V	V
B	Q	S	A	C	I	P	R	E	J	P	U	J	K	O	O	B	H	D
R	E	S	E	R	V	I	E	R	U	N	G	U	K	J	Q	L	J	W

10

REISEVORBEREITUNGEN
REISEVERSICHERUNG
URLAUBSCHECKLISTE
GEPAECKAUFGABE
RESERVIERUNG
CHARTERFLUG
ESSEN GEHEN
REISEPASS
UPGRADE
CAMPING

Lösung

G	F	R	A	C	F	H	S	B	W	N	H	Q	D	F	N	S	S	Y
N	K	D	A	I	V	O	Z	N	E	Y	A	I	U	Q	O	U	P	J
U	H	U	J	K	S	M	B	S	E	N	J	K	G	A	V	R	X	N
R	L	K	D	N	R	S	S	T	T	N	J	C	E	H	O	L	S	D
E	J	U	P	Z	E	E	F	B	W	T	B	G	P	J	U	A	A	A
H	G	B	A	A	I	Z	J	N	T	U	D	C	A	T	K	U	E	T
C	S	K	D	D	S	V	C	E	R	N	U	L	E	D	U	B	N	R
I	C	J	S	D	E	A	N	G	J	Z	A	Y	C	V	S	S	E	X
S	Y	Y	P	W	P	D	S	N	B	V	S	M	K	G	J	C	D	H
R	N	E	A	V	A	Q	Z	U	S	A	M	D	A	U	N	H	Y	X
E	L	S	T	K	S	Z	Q	T	F	X	W	B	U	L	C	E	G	K
V	N	N	R	O	S	O	G	I	L	M	H	V	F	F	U	C	V	V
E	K	E	O	X	V	T	N	E	H	V	U	F	G	R	E	K	G	U
S	Y	L	C	S	N	L	I	R	Y	B	I	T	A	E	F	L	L	D
I	D	F	U	U	W	R	P	E	C	K	T	I	B	T	C	I	F	B
E	G	Z	E	Y	B	E	M	B	Q	R	C	T	E	R	O	S	M	G
R	O	G	V	J	X	Q	A	R	F	U	F	Z	D	A	R	T	R	A
A	P	I	N	E	D	I	C	O	K	F	Z	D	X	H	B	E	X	B
S	Q	S	R	U	F	M	S	V	E	C	L	T	U	C	B	L	E	R
T	M	B	C	K	Y	Z	L	E	X	O	A	Z	G	R	L	B	N	V
G	F	A	I	B	C	A	J	S	I	P	I	U	P	G	R	A	D	E
P	V	W	J	N	Z	F	G	I	A	G	E	H	E	N	Y	O	V	V
B	Q	S	A	C	I	P	R	E	J	P	U	J	K	O	O	B	H	D
R	E	S	E	R	V	I	E	R	U	N	G	U	K	J	Q	L	J	W

R	V	V	N	T	G	V	C	D	K	G	H	T	B	F	T	H	S	K
N	T	C	E	D	F	A	B	J	C	Y	O	Q	E	L	G	K	T	U
A	J	V	G	P	X	R	T	T	Q	D	T	Y	M	U	V	J	R	R
N	H	W	V	W	P	H	N	D	T	O	E	X	K	G	S	A	P	Z
G	B	G	S	N	I	I	H	F	B	S	L	F	G	H	G	S	F	T
J	R	K	B	Z	T	S	L	U	A	Y	R	J	U	A	O	A	R	R
I	F	F	B	S	O	T	N	K	O	S	E	B	M	F	C	A	B	I
G	R	X	I	Y	R	M	E	I	V	K	Z	M	B	E	W	P	E	P
V	B	Q	O	O	S	V	B	A	R	U	E	N	U	N	L	A	M	N
B	U	B	I	E	T	D	N	U	E	R	P	N	C	S	D	Q	Y	B
N	A	E	F	S	E	Y	Y	V	I	O	T	Q	H	H	Y	G	P	S
K	L	L	K	M	W	T	L	E	S	R	I	U	U	U	E	Y	C	E
E	R	D	F	G	A	V	I	E	E	T	O	D	N	T	G	T	D	D
P	U	E	L	D	R	C	D	J	C	X	N	P	G	T	E	M	N	X
F	R	Y	U	M	D	A	N	W	H	A	A	U	O	L	U	B	Q	K
G	U	T	G	D	E	R	B	A	E	T	S	B	Z	E	L	N	U	V
D	T	B	D	C	S	E	N	R	C	B	Q	V	M	N	F	Q	G	N
J	L	A	A	J	S	M	K	Z	K	H	E	P	G	S	T	V	F	X
G	U	P	U	R	H	B	O	S	L	X	G	I	Q	E	K	U	F	D
M	K	C	E	S	C	G	X	F	I	O	X	E	H	K	E	C	Y	W
K	G	Y	R	F	Y	I	C	Y	S	U	V	Z	H	U	R	U	F	T
G	M	Y	B	K	D	R	D	E	T	W	F	V	V	T	I	K	F	S
G	B	R	Z	A	S	Y	U	J	E	I	N	K	L	S	D	Z	O	K
I	N	N	Y	D	M	O	W	N	V	E	R	I	U	M	U	Q	R	W

11

FLUGHAFENSHUTTLE
HOTELREZEPTION
REISECHECKLISTE
KULTURURLAUB
DIREKTFLUEGE

UMBUCHUNG
STEWARDESS
FLUGDAUER
KURZTRIP
KURORT

Lösung

R	V	V	N	T	G	V	C	D	K	G	H	T	B	F	T	H	S	K
N	T	C	E	D	F	A	B	J	C	Y	O	Q	E	L	G	K	T	U
A	J	V	G	P	X	R	T	T	Q	D	T	Y	M	U	V	J	R	R
N	H	W	V	W	P	H	N	D	T	O	E	X	K	G	S	A	P	Z
G	B	G	S	N	I	I	H	F	B	S	L	F	G	H	G	S	F	T
J	R	K	B	Z	T	S	L	U	A	Y	R	J	U	A	O	A	R	R
I	F	F	B	S	O	T	N	K	O	S	E	B	M	F	C	A	B	I
G	R	X	I	Y	R	M	E	I	V	K	Z	M	B	E	W	P	E	P
V	B	Q	O	O	S	V	B	A	R	U	E	N	U	N	L	A	M	N
B	U	B	I	E	T	D	N	U	E	R	P	N	C	S	D	Q	Y	B
N	A	E	F	S	E	Y	Y	V	I	O	T	Q	H	H	Y	G	P	S
K	L	L	K	M	W	T	L	E	S	R	I	U	U	U	E	Y	C	E
E	R	D	F	G	A	V	I	E	E	T	O	D	N	T	G	T	D	D
P	U	E	L	D	R	C	D	J	C	X	N	P	G	T	E	M	N	X
F	R	Y	U	M	D	A	N	W	H	A	A	U	O	L	U	B	Q	K
G	U	T	G	D	E	R	B	A	E	T	S	B	Z	E	L	N	U	V
D	T	B	D	C	S	E	N	R	C	B	Q	V	M	N	F	Q	G	N
J	L	A	A	J	S	M	K	Z	K	H	E	P	G	S	T	V	F	X
G	U	P	U	R	H	B	O	S	L	X	G	I	Q	E	K	U	F	D
M	K	C	E	S	C	G	X	F	I	O	X	E	H	K	E	C	Y	W
K	G	Y	R	F	Y	I	C	Y	S	U	V	Z	H	U	R	U	F	T
G	M	Y	B	K	D	R	D	E	T	W	F	V	V	T	I	K	F	S
G	B	R	Z	A	S	Y	U	J	E	I	N	K	L	S	D	Z	O	K
I	N	N	Y	D	M	O	W	N	V	E	R	I	U	M	U	Q	R	W

G M X R Z Y D M K M Q V J E X E X Z Z
L P Z G E S Y L C I I W B U G F S O P
E P L U R I Y V D N B U E Z U Y P C N
X X X P V Y S V Y W M R B K L P R M S
J H G W U H B E D I H K N D F X A Z I
U A I C J D W C B O Z R O A N M C C E
I L Y U D K F J L E T G U U E E H Z O
Q B T Z A S I U D O G F H V H E R I H
F P O M L J N K J Q B I B W C R E P O
U E Z N T G Q M E Y P C N H P U I R Z
P N Y T T E B Q K R H H V N P R S E W
R S U C G V G O W E K X I R E L E I R
W I C Y R D D D I O A X D Q A A H S G
A O Z U D Q Z J U I K F W D N U O E J
I N X Z C L Y B O B T X A Z H B K L F
K K R C F R V O M A E F T S C K V E R
M A C A H Q T R B J H S H Z S A Y K S
G R J S J H Z D Q S D Z I G A F B T D
C I H M U B C K Q H T M B E L Z P U E
E W P J G C C A U K T O M U R H H E Y
W R R M M E I R I Y G K T N C G O R D
A J R C T B C T T L Q I F A C O K E S
E M K P B L L E U H G I Q P H H T B L
X M J Y B A U E R N H O F U R L A U B

12

SCHNAEPPCHENFLUG
BAUERNHOFURLAUB
REISELEKTUERE
SPRACHREISE
HALBPENSION

REISEBUDGET
REISEBEGINN
MEERURLAUB
BORDKARTE
ERHOLUNG

Lösung

G	M	X	R	Z	Y	D	M	K	M	Q	V	J	E	X	E	X	Z	Z
L	P	Z	G	E	S	Y	L	C	I	I	W	B	U	G	F	S	O	P
E	P	L	U	R	I	Y	V	D	N	B	U	E	Z	U	Y	P	C	N
X	X	X	P	V	Y	S	V	Y	W	M	R	B	K	L	P	R	M	S
J	H	G	W	U	H	B	E	D	I	H	K	N	D	F	X	A	Z	I
U	A	I	C	J	D	W	C	B	O	Z	R	O	A	N	M	C	C	E
I	L	Y	U	D	K	F	J	L	E	T	G	U	U	E	E	H	Z	O
Q	B	T	Z	A	S	I	U	D	O	G	F	H	V	H	E	R	I	H
F	P	O	M	L	J	N	K	J	Q	B	I	B	W	C	R	E	P	O
U	E	Z	N	T	G	Q	M	E	Y	P	C	N	H	P	U	I	R	Z
P	N	Y	T	T	E	B	Q	K	R	H	H	V	N	P	R	S	E	W
R	S	U	C	G	V	G	O	W	E	K	X	I	R	E	L	E	I	R
W	I	C	Y	R	D	D	D	I	O	A	X	D	Q	A	A	H	S	G
A	O	Z	U	D	Q	Z	J	U	I	K	F	W	D	N	U	O	E	J
I	N	X	Z	C	L	Y	B	O	B	T	X	A	Z	H	B	K	L	F
K	K	R	C	F	R	V	O	M	A	E	F	T	S	C	K	V	E	R
M	A	C	A	H	Q	T	R	B	J	H	S	H	Z	S	A	Y	K	S
G	R	J	S	J	H	Z	D	Q	S	D	Z	I	G	A	F	B	T	D
C	I	H	M	U	B	C	K	Q	H	T	M	B	E	L	Z	P	U	E
E	W	P	J	G	C	C	A	U	K	T	O	M	U	R	H	H	E	Y
W	R	R	M	M	E	I	R	I	Y	G	K	T	N	C	G	O	R	D
A	J	R	C	T	B	C	T	T	L	Q	I	F	A	C	O	K	E	S
E	M	K	P	B	L	L	E	U	H	G	I	Q	P	H	H	T	B	L
X	M	J	Y	B	A	U	E	R	N	H	O	F	U	R	L	A	U	B

J	R	E	F	F	O	K	L	L	O	R	S	G	T	D	D	X	V	V
N	I	Q	P	K	I	S	B	S	C	S	X	J	S	B	I	G	B	O
J	R	O	J	O	G	O	D	H	O	T	G	B	O	T	P	R	M	U
I	B	E	N	O	E	C	E	R	O	U	Z	V	H	R	M	D	F	T
Y	Y	H	J	L	D	C	K	O	O	H	S	C	I	W	P	C	K	C
Z	C	G	D	N	K	N	Y	B	G	B	I	Y	F	S	J	R	D	U
L	V	M	H	O	U	B	I	W	O	R	B	L	X	A	U	X	H	Y
F	M	F	U	P	X	S	Y	Z	E	Y	G	Y	N	G	K	M	O	X
T	S	T	X	C	C	O	Y	B	A	X	J	W	Z	T	E	P	C	I
G	X	B	E	Q	B	C	E	F	H	G	Z	H	U	E	H	I	H	K
A	A	W	R	C	O	S	U	J	R	C	A	V	S	H	X	V	D	K
T	P	L	S	S	I	L	K	C	C	F	V	M	N	N	D	U	I	N
E	Q	K	L	E	Z	I	N	K	L	B	S	R	D	U	C	Y	U	E
S	K	Z	R	X	K	V	X	Q	Q	G	U	S	G	R	Z	C	E	N
I	V	X	D	X	J	E	C	L	Q	N	H	C	D	O	O	Q	R	N
E	J	F	I	S	D	N	B	F	D	J	U	V	N	D	U	B	Y	A
R	F	G	Q	B	S	F	L	F	B	V	N	F	A	J	M	B	E	P
N	T	S	U	I	A	B	L	T	U	U	L	B	R	L	R	V	H	S
A	D	Z	Y	R	X	U	V	L	V	T	M	H	T	F	X	M	K	S
A	W	I	N	H	G	V	H	G	H	A	O	M	S	Z	P	O	X	U
C	T	L	I	U	S	M	B	U	S	J	O	S	E	P	W	B	H	A
X	Z	C	E	V	Y	P	O	V	Z	G	S	N	Q	L	G	N	L	K
S	P	A	Y	A	D	L	T	C	M	O	J	G	K	H	N	Z	C	B
K	X	C	T	B	J	J	V	I	T	M	F	C	M	N	T	K	K	X

13

REISEBERICHT	CHECKOUT
BORDMAGAZIN	RUNDFLUG
AUSSPANNEN	BUMMELN
ROLLKOFFER	STRAND
ANREISETAG	VISUM

Lösung

J	R	E	F	F	O	K	L	L	O	R	S	G	T	D	D	X	V	V
N	I	Q	P	K	I	S	B	S	C	S	X	J	S	B	I	G	B	O
J	R	O	J	O	G	O	D	H	O	T	G	B	O	T	P	R	M	U
I	B	E	N	O	E	C	E	R	O	U	Z	V	H	R	M	D	F	T
Y	Y	H	J	L	D	C	K	O	O	H	S	C	I	W	P	C	K	C
Z	C	G	D	N	K	N	Y	B	G	B	I	Y	F	S	J	R	D	U
L	V	M	H	O	U	B	I	W	O	R	B	L	X	A	U	X	H	Y
F	M	F	U	P	X	S	Y	Z	E	Y	G	Y	N	G	K	M	O	X
T	S	T	X	C	C	O	Y	B	A	X	J	W	Z	T	E	P	C	I
G	X	B	E	Q	B	C	E	F	H	G	Z	H	U	E	H	I	H	K
A	A	W	R	C	O	S	U	J	R	C	A	V	S	H	X	V	D	K
T	P	L	S	S	I	L	K	C	C	F	V	M	N	N	D	U	I	N
E	Q	K	L	E	Z	I	N	K	L	B	S	R	D	U	C	Y	U	E
S	K	Z	R	X	K	V	X	Q	Q	G	U	S	G	R	Z	C	E	N
I	V	X	D	X	J	E	C	L	Q	N	H	C	D	O	O	Q	R	N
E	J	F	I	S	D	N	B	F	D	J	U	V	N	D	U	B	Y	A
R	F	G	Q	B	S	F	L	F	B	V	N	F	A	J	M	B	E	P
N	T	S	U	I	A	B	L	T	U	U	L	B	R	L	R	V	H	S
A	D	Z	Y	R	X	U	V	L	V	T	M	H	T	F	X	M	K	S
A	W	I	N	H	G	V	H	G	H	A	O	M	S	Z	P	O	X	U
C	T	L	I	U	S	M	B	U	S	J	O	S	E	P	W	B	H	A
X	Z	C	E	V	Y	P	O	V	Z	G	S	N	Q	L	G	N	L	K
S	P	A	Y	A	D	L	T	C	M	O	J	G	K	H	N	Z	C	B
K	X	C	T	B	J	J	V	I	T	M	F	C	M	N	T	K	K	X

E	P	D	R	U	I	S	B	H	Y	V	C	G	N	E	U	A	B	J
W	Y	S	G	W	E	U	F	J	I	L	V	I	E	R	E	S	V	A
P	R	W	D	C	B	M	J	X	Z	J	M	N	J	R	L	X	B	Y
O	E	Z	A	L	X	S	Y	P	T	D	N	E	O	J	E	P	U	I
G	A	H	P	C	G	I	W	S	D	W	G	T	O	J	T	X	A	O
X	I	W	G	E	V	R	L	A	H	J	P	I	U	Y	O	U	L	D
M	R	F	O	T	C	U	H	S	K	Y	A	E	H	V	H	Y	R	E
G	I	R	Z	K	C	O	G	D	N	P	E	K	A	V	S	E	U	F
N	L	E	K	I	Q	T	Q	Y	C	D	C	G	R	Z	B	T	S	P
U	M	G	R	U	E	C	K	F	L	U	G	I	V	H	U	I	U	R
N	Z	E	V	Q	K	J	Q	I	E	E	R	D	X	Z	A	G	X	T
R	M	I	T	Z	U	G	P	U	Q	C	K	R	R	Z	L	R	U	C
A	Q	L	R	X	H	L	D	S	U	C	F	E	J	I	R	U	L	G
W	C	F	G	G	D	X	G	R	Q	O	T	U	Q	A	U	B	I	B
E	N	G	F	Q	K	U	M	S	D	P	G	W	U	F	R	D	L	U
S	X	I	S	Y	N	T	K	X	B	Y	F	S	T	A	L	N	Z	O
I	C	L	S	C	E	E	Z	L	V	L	F	N	R	H	Z	A	J	A
E	H	L	X	G	C	W	X	I	Z	L	C	E	Z	R	H	S	L	V
R	P	I	H	V	N	S	R	Z	U	C	G	H	B	E	Z	W	S	C
X	U	B	F	Y	O	Q	C	G	V	M	K	E	X	N	Z	Z	K	G
Y	J	P	K	O	C	J	Q	Z	O	O	O	S	P	P	A	W	W	Z
U	S	K	N	K	X	O	E	L	A	P	T	V	Z	F	C	Z	E	L
V	T	J	T	E	U	B	W	L	W	D	X	Q	L	I	C	Z	T	V
E	E	Q	W	E	S	C	O	I	D	I	E	A	C	Z	W	N	A	P

14

SEHENSWUERDIGKEITEN
SANDBURG BAUEN
BILLIGFLIEGER
REISEWARNUNG
URLAUBSHOTEL
LUXUSURLAUB
ZUG FAHREN
TOURISMUS
RUECKFLUG
AUSFLUG

Lösung

E P D R U I S B H Y V C G N E U A B J
W Y S G W E U F J I L V I E R E S V A
P R W D C B M J X Z J M N J R L X B Y
O E Z A L X S Y P T D N E O J E P U I
G A H P C G I W S D W G T O J T X A O
X I W G E V R L A H J P I U Y O U L D
M R F O T C U H S K Y A E H V H Y R E
G I R Z K C O G D N P E K A V S E U F
N L E K I Q T Q Y C D C G R Z B T S P
U M G R U E C K F L U G I V H U I U R
N Z E V Q K J Q I E E R D X Z A G X T
R M I T Z U G P U Q C K R R Z L R U C
A Q L R X H L D S U C F E J I R U L G
W C F G G D X G R Q O T U Q A U B I B
E N G F Q K U M S D P G W U F R D L U
S X I S Y N T K X B Y F S T A L N Z O
I C L S C E E Z L V L F N R H Z A J A
E H L X G C W X I Z L C E Z R H S L V
R P I H V N S R Z U C G H B E Z W S C
X U B F Y O Q C G V M K E X N Z Z K G
Y J P K O C J Q Z O O O S P P A W W Z
U S K N K X O E L A P T V Z F C Z E L
V T J T E U B W L W D X Q L I C Z T V
E E Q W E S C O I D I E A C Z W N A P

Y	O	B	Z	G	M	N	V	M	T	M	E	Y	T	W	C	L	D	J
T	S	K	J	B	Q	T	F	L	U	G	A	N	B	I	E	T	E	R
M	C	I	C	O	M	B	M	U	C	B	Q	D	X	L	Q	P	T	C
N	U	L	Y	Z	I	K	N	J	D	W	P	Q	L	E	A	Z	O	E
G	G	Q	Q	J	Q	Y	G	H	S	G	C	D	K	O	K	S	E	O
R	V	I	M	I	N	S	E	L	H	O	P	P	I	N	G	R	U	N
S	Y	W	N	N	E	J	E	B	I	I	Y	N	P	O	Y	W	S	Y
L	A	F	T	S	D	E	G	F	W	T	L	K	G	J	E	B	I	H
N	B	W	I	G	O	R	E	P	Q	A	N	H	K	L	X	M	Y	O
R	A	E	W	C	W	M	F	N	B	O	V	J	L	N	C	Y	T	T
E	R	Q	I	F	N	A	P	U	L	R	E	N	Q	E	M	O	B	E
I	J	X	N	J	L	E	E	D	T	T	E	S	Z	S	L	A	K	L
S	M	R	T	F	O	S	R	W	G	S	E	I	B	E	I	F	Q	L
E	G	D	E	Y	A	S	Y	V	S	B	B	P	N	L	F	E	K	C
A	D	B	R	O	D	I	R	Q	D	C	W	U	K	V	I	L	K	N
B	A	O	U	C	E	G	B	M	L	R	V	K	M	O	Q	Q	R	C
E	R	Z	R	W	N	U	E	S	I	E	R	S	F	F	I	H	C	S
N	E	D	L	Y	G	N	U	P	S	D	E	D	L	H	O	R	U	X
T	U	C	A	I	K	G	F	U	O	L	D	Q	Y	Z	V	M	K	F
E	F	D	U	C	K	Q	M	T	P	O	R	R	J	Z	A	Y	U	I
U	Q	B	B	A	C	C	P	J	T	I	B	I	J	R	S	F	Q	K
E	Y	J	E	S	L	A	G	E	R	F	E	U	E	R	A	C	Z	P
R	M	Q	G	R	G	X	J	F	B	V	S	F	R	O	S	O	F	N
W	J	U	I	P	Q	K	A	Q	B	P	J	N	G	Q	Q	R	H	N

15

FILM FUER REISE DOWNLOADEN
WINTERURLAUB
WELLNESS HOTEL
INSELHOPPING
REISEABENTEUER
SCHIFFSREISE
FLUGANBIETER
LAGERFEUER
ERMAESSIGUNG
LESEN

Lösung

Y	O	B	Z	G	M	N	V	M	T	M	E	Y	T	W	C	L	D	J
T	S	K	J	B	Q	T	F	L	U	G	A	N	B	I	E	T	E	R
M	C	I	C	O	M	B	M	U	C	B	Q	D	X	L	Q	P	T	C
N	U	L	Y	Z	I	K	N	J	D	W	P	Q	L	E	A	Z	O	E
G	G	Q	Q	J	Q	Y	G	H	S	G	C	D	K	O	K	S	E	O
R	V	I	M	I	N	S	E	L	H	O	P	P	I	N	G	R	U	N
S	Y	W	N	N	E	J	E	B	I	I	Y	N	P	O	Y	W	S	Y
L	A	F	T	S	D	E	G	F	W	T	L	K	G	J	E	B	I	H
N	B	W	I	G	O	R	E	P	Q	A	N	H	K	L	X	M	Y	O
R	A	E	W	C	W	M	F	N	B	O	V	J	L	N	C	Y	T	T
E	R	Q	I	F	N	A	P	U	L	R	E	N	Q	E	M	O	B	E
I	J	X	N	J	L	E	E	D	T	T	E	S	Z	S	L	A	K	L
S	M	R	T	F	O	S	R	W	G	S	E	I	B	E	I	F	Q	L
E	G	D	E	Y	A	S	Y	V	S	B	B	P	N	L	F	E	K	C
A	D	B	R	O	D	I	R	Q	D	C	W	U	K	V	I	L	K	N
B	A	O	U	C	E	G	B	M	L	R	V	K	M	O	Q	Q	R	C
E	R	Z	R	W	N	U	E	S	I	E	R	S	F	F	I	H	C	S
N	E	D	L	Y	G	N	U	P	S	D	E	D	L	H	O	R	U	X
T	U	C	A	I	K	G	F	U	O	L	D	Q	Y	Z	V	M	K	F
E	F	D	U	C	K	Q	M	T	P	O	R	R	J	Z	A	Y	U	I
U	Q	B	B	A	C	C	P	J	T	I	B	I	J	R	S	F	Q	K
E	Y	J	E	S	L	A	G	E	R	F	E	U	E	R	A	C	Z	P
R	M	Q	G	R	G	X	J	F	B	V	S	F	R	O	S	O	F	N
W	J	U	I	P	Q	K	A	Q	B	P	J	N	G	Q	Q	R	H	N

U	E	R	L	S	S	E	I	N	C	C	S	I	E	D	X	N	V	V
W	V	N	Q	R	V	A	T	O	R	R	I	T	L	H	L	H	L	S
K	M	V	D	Y	X	G	N	X	U	B	Y	C	G	M	C	Y	U	V
N	E	T	L	E	Z	S	U	C	L	C	I	T	E	I	F	X	R	F
Y	W	Y	E	E	C	H	K	D	S	O	I	I	L	X	V	Q	A	B
D	F	S	D	I	J	S	F	O	F	J	M	K	V	I	O	Z	K	F
K	E	N	S	S	A	H	E	M	X	R	C	N	R	I	D	N	J	A
S	A	J	Z	C	O	B	E	W	G	E	F	N	P	G	R	E	W	M
X	D	E	K	X	Q	N	J	U	U	R	P	P	Q	F	E	L	W	I
S	A	Y	W	A	B	I	L	L	U	B	F	X	I	X	I	G	I	L
S	Q	D	J	Y	J	F	G	E	T	Y	Q	Z	S	Y	S	E	J	I
T	Y	N	I	B	N	D	H	Y	D	H	V	U	G	A	E	P	F	E
A	L	Y	O	I	I	S	O	H	D	H	N	Y	V	A	R	I	K	N
D	F	O	H	Y	T	N	V	B	L	S	V	O	X	Y	O	C	O	Z
T	T	L	D	U	F	A	Q	V	W	I	Q	A	N	H	U	S	B	I
R	Q	D	E	N	G	K	H	S	V	U	F	K	Y	W	T	F	R	M
U	W	C	H	E	I	T	E	N	G	L	I	S	C	H	E	S	Z	M
N	K	H	U	S	X	O	Q	H	D	N	R	R	X	Q	K	X	C	E
D	T	G	G	E	H	C	S	A	T	R	U	T	L	U	K	W	F	R
F	Q	R	N	H	W	O	P	N	I	D	X	C	V	Y	R	C	A	H
A	H	V	C	A	Z	Y	G	C	E	T	N	S	E	C	L	E	H	V
H	E	H	G	A	S	O	M	M	X	N	I	E	X	N	Y	P	R	P
R	E	D	B	G	I	B	O	G	B	H	H	L	H	D	H	E	E	T
T	S	F	K	V	O	Y	O	P	Y	C	Y	G	F	X	L	J	N	I

16

ENGLISCHES FRUEHSTUECK
GLUECKLICH SEIN
FAMILIENZIMMER
STADTRUNDFAHRT
KULTURTASCHE

BOOT FAHREN
REISEROUTE
RUCKSACK
HINFLUG
ZELTEN

Lösung

U E R L S S E I N C C S I E D X N V V
W V N Q R V A T O R R I T L H L H L S
K M V D Y X G N X U B Y C G M C Y U V
N E T L E Z S U C L C I T E I F X R F
Y W Y E E C H K D S O I I L X V Q A B
D F S D I J S F O F J M K V I O Z K F
K E N S S A H E M X R C N R I D N J A
S A J Z C O B E W G E F N P G R E W M
X D E K X Q N J U U R P P Q F E L W I
S A Y W A B I L L U B F X I X I G I L
S Q D J Y J F G E T Y Q Z S Y S E J I
T Y N I B N D H Y D H V U G A E P F E
A L Y O I I S O H D H N Y V A R I K N
D F O H Y T N V B L S V O X Y O C O Z
T T L D U F A Q V W I Q A N H U S B I
R Q D E N G K H S V U F K Y W T F R M
U W C H E I T E N G L I S C H E S Z M
N K H U S X O Q H D N R R X Q K X C E
D T G G E H C S A T R U T L U K W F R
F Q R N H W O P N I D X C V Y R C A H
A H V C A Z Y G C E T N S E C L E H V
H E H G A S O M M X N I E X N Y P R P
R E D B G I B O G B H H L H D H E E T
T S F K V O Y O P Y C Y G F X L J N I

Z V A J Z R R N D I Z C K A T G E A W
W H I A M H S Q U I K A M E Q W O W T
A J U G E N D R E I S E M D L V I F R
G R F L U G S T E I G K W Z K K Q M J
J C E Y G M X L J S U C M L Q S H I M
N E B I T M C C B Z I U F L I F F N D
C T Z C S M P D V R B H F E M B N E T
M S I Z C E G T T J N V R H V J T G V
M J V I Z J D T B R A P W K L E T N U
E I W X V R R O E G G V B X D K N U G
J Q G P K A X I K O P E F C M E C F F
N P J L E M S F L U D B B S J E T P X
O I C O N E K A M M M K X E M F V M Z
R A W P B M T L G H F E S B T L T I W
L T C U U A N A L D S I N F K O J E U
S C E P K U G K I W E H Z T X W T S N
J R D V T A M T U R Y G N F E E K I V
O K O P M T O U R I S T T Q O M N E O
T S N I Z F N U D B T S A F K A E R B
Z O V X J F T N J Y L G S Q F I Z K U
L G X H Z L A B C O F M O W D L K F W
T V T D U U H H Q H P F Z D P A E V U
J T P K N E Z K C E A P E G E S I E R
P M F Y P L S N N V Y K C Z N R B U C

17

BED AND BREAKFAST
REISEDOKUMENTE
REISEIMPFUNGEN
REISEGEPAECK
KATALOGPREIS

JUGENDREISE
KULTURREISE
REISEBUERO
FLUGSTEIG
TOURIST

Lösung

Z	V	A	J	Z	R	R	N	D	I	Z	C	K	A	T	G	E	A	W
W	H	I	A	M	H	S	Q	U	I	K	A	M	E	Q	W	O	W	T
A	J	U	G	E	N	D	R	E	I	S	E	M	D	L	V	I	F	R
G	R	F	L	U	G	S	T	E	I	G	K	W	Z	K	K	Q	M	J
J	C	E	Y	G	M	X	L	J	S	U	C	M	L	Q	S	H	I	M
N	E	B	I	T	M	C	C	B	Z	I	U	F	L	I	F	F	N	D
C	T	Z	C	S	M	P	D	V	R	B	H	F	E	M	B	N	E	T
M	S	I	Z	C	E	G	T	T	J	N	V	R	H	V	J	T	G	V
M	J	V	I	Z	J	D	T	B	R	A	P	W	K	L	E	T	N	U
E	I	W	X	V	R	R	O	E	G	G	V	B	X	D	K	N	U	G
J	Q	G	P	K	A	X	I	K	O	P	E	F	C	M	E	C	F	F
N	P	J	L	E	M	S	F	L	U	D	B	B	S	J	E	T	P	X
O	I	C	O	N	E	K	A	M	M	M	K	X	E	M	F	V	M	Z
R	A	W	P	B	M	T	L	G	H	F	E	S	B	T	L	T	I	W
L	T	C	U	U	A	N	A	L	D	S	I	N	F	K	O	J	E	U
S	C	E	P	K	U	G	K	I	W	E	H	Z	T	X	W	T	S	N
J	R	D	V	T	A	M	T	U	R	Y	G	N	F	E	E	K	I	V
O	K	O	P	M	T	O	U	R	I	S	T	T	Q	O	M	N	E	O
T	S	N	I	Z	F	N	U	D	B	T	S	A	F	K	A	E	R	B
Z	O	V	X	J	F	T	N	J	Y	L	G	S	Q	F	I	Z	K	U
L	G	X	H	Z	L	A	B	C	O	F	M	O	W	D	L	K	F	W
T	V	T	D	U	U	H	H	Q	H	P	F	Z	D	P	A	E	V	U
J	T	P	K	N	E	Z	K	C	E	A	P	E	G	E	S	I	E	R
P	M	F	Y	P	L	S	N	N	V	Y	K	C	Z	N	R	B	U	C

V	A	O	H	P	Q	X	D	U	Q	W	J	A	H	M	V	J	J	J
F	P	E	T	O	B	E	G	N	A	G	U	L	F	D	H	B	X	A
A	S	K	Y	N	A	N	S	I	C	H	T	S	K	A	R	T	E	Q
E	U	F	O	I	E	D	B	I	R	Z	R	G	P	X	D	P	V	X
T	C	T	Y	R	P	T	Z	U	M	C	G	R	Q	J	M	R	Y	T
T	T	Q	O	B	T	R	E	K	C	E	W	E	S	I	E	R	D	Z
W	D	K	A	F	T	Q	U	Q	M	J	I	S	P	O	R	T	M	A
N	X	T	L	I	A	G	S	N	U	F	M	D	T	P	N	S	G	K
U	W	A	C	C	B	E	A	J	E	M	P	W	J	G	O	V	Z	E
P	N	N	A	F	A	A	H	X	E	K	Q	Y	K	D	D	M	W	K
C	A	T	L	N	R	I	G	R	I	G	C	L	N	Q	B	D	I	R
D	J	D	G	A	R	D	N	P	E	O	E	I	E	F	I	X	S	O
F	U	M	A	H	E	K	B	E	W	I	T	Q	H	A	S	C	C	H
U	S	D	T	K	H	G	D	O	C	P	D	O	F	C	C	T	H	D
Z	I	D	E	A	C	G	E	X	D	R	V	Z	W	E	S	C	E	Z
C	Q	I	S	N	U	W	H	D	F	X	U	Z	H	Q	U	N	N	S
X	X	G	I	Z	B	B	G	M	W	E	N	R	R	J	T	W	S	N
A	S	R	E	T	H	M	I	E	T	W	A	G	E	N	W	Q	T	J
B	S	Z	R	V	E	B	I	G	G	S	B	I	L	S	M	U	O	G
C	V	W	B	Z	U	J	X	S	K	M	E	D	E	G	T	O	P	N
P	K	G	A	W	R	C	E	A	B	J	V	R	G	P	Z	C	P	A
O	W	E	U	X	F	H	D	G	U	O	R	X	M	O	N	P	R	Z
C	U	V	H	H	B	W	Z	M	Q	N	A	O	T	H	Z	D	W	W
N	E	H	C	A	M	L	O	A	G	T	Q	S	N	E	U	V	T	S

18

ANSICHTSKARTE SCHICKEN
FRUEHBUCHERRABATT
ZWISCHENSTOPP
FLUGANGEBOTE
SPORT MACHEN

REISEWECKER
AUTOFAEHRE
ABREISETAG
MIETWAGEN
SPA

Lösung

V A O H P Q X D U Q W J A H M V J J J
F P E T O B E G N A G U L F D H B X A
A S K Y N A N S I C H T S K A R T E Q
E U F O I E D B I R Z R G P X D P V X
T C T Y R P T Z U M C G R Q J M R Y T
T T Q O B T R E K C E W E S I E R D Z
W D K A F T Q U Q M J I S P O R T M A
N X T L I A G S N U F M D T P N S G K
U W A C C B E A J E M P W J G O V Z E
P N N A F A A H X E K Q Y K D D M W K
C A T L N R I G R I G C L N Q B D I R
D J D G A R D N P E O E I E F I X S O
F U M A H E K B E W I T Q H A S C C H
U S D T K H G D O C P D O F C C T H D
Z I D E A C G E X D R V Z W E S C E Z
C Q I S N U W H D F X U Z H Q U N N S
X X G I Z B B G M W E N R R J T W S N
A S R E T H M I E T W A G E N W Q T J
B S Z R V E B I G G S B I L S M U O G
C V W B Z U J X S K M E D E G T O P N
P K G A W R C E A B J V R G P Z C P A
O W E U X F H D G U O R X M O N P R Z
C U V H H B W Z M Q N A O T H Z D W W
N E H C A M L O A G T Q S N E U V T S